Susanne Steffe

Das Monster Buch

Geschichten, Kreativideen,
Spiele und Aktionen

HERDER

FREIBURG · BASEL · WIEN

MIX
Paper from
responsible sources
FSC® C010798

© Verlag Herder GmbH, Freiburg im Breisgau 2014
Alle Rechte vorbehalten
www.herder.de

Umschlaggestaltung: SchwarzwaldMädel, Simonswald
Umschlag- und Textillustrationen: Katja Jäger

Satz und Gestaltung: Arnold & Domnick, Leipzig
Herstellung: Graspo CZ, Zlín
Printed in the Czech Republic

ISBN 978-3-451-32806-0

INHALT

Herzlich willkommen in der Welt der Monster!

Für viele Kinder bedeuten Monster „Faszination pur".

In der Kinderliteratur sind Monster bereits seit den 1970er-Jahren fest verankert. Maurice Sendaks „Wilde Kerle" oder der „Grüffelo" von Julia Donaldson, illustriert von Axel Scheffler, begeistern Kinder noch heute. Heutzutage sind Monster überall, und der „Hype" wird auch von der Spielwarenindustrie äußerst gewinnbringend vermarktet. Monstertruck, Lego-Monster usw. bevölkern die Kinderzimmer. Das bedeutet: Monster sind in der alltäglichen Spielwelt der Kinder längst angekommen. Das ist eine Tatsache.

Wer sich nun im Zweifel fühlt, ob die Beschäftigung mit Monstern auch einen pädagogischen Wert hat, der sei beruhigt: Bereits Ende der 1980er-Jahre hat Bruno Bettelheim seine berühmte These „Kinder brauchen Märchen" auch auf Monster ausgeweitet. Er sah sie als adäquates Mittel der Angstbewältigung, neben den Märchenfiguren: „Wenn man ein Bild davon hat (vom Angstmachenden, S. S), ist das weniger schreckenerregend, als wenn man kein Bild davon hat. Alles, was man beschreiben und benennen kann, wird dadurch in den eigenen Machtbereich eingezogen. Aber wenn man es nicht benennen kann, dann kann man es nicht bewältigen."

Wie die Märchenfiguren bietet die Auseinandersetzung mit Monstern Anregungen zum Sprechen – und ist somit ein Mittel zur Bewältigung von Ängsten. Allerdings war Bruno Bettelheim (1903–1990) mit den modernen, facettenreichen Monsterwelten nicht vertraut. Er sah in ihnen „nur" eine Verlängerung der „bösen" Märchenfiguren. Doch moderne Monster sind viel mehr als ein Mittel zu Angstbewältigung – und können vielfältige Erfahrungswelten im Kita-Alltag eröffnen.

Anders als Märchenfiguren sind Monster nämlich nicht so leicht zu durchschauen. Sie sind gut oder böse – aber das lässt sich nicht auf den ersten Blick klären. Da muss man schon genauer hinschauen. Nicht jedes Monster ist böse! Der besondere Reiz dieser Kreaturen liegt oft in der Ambivalenz zwischen ihrem ungewöhnlichen Aussehen und ihrem Wesen. Wer böse aussieht, kann trotzdem gut sein. Oder umgekehrt. Monster sind brüchige Figuren. Manche haben übermenschliche Kräfte, magische Fähigkeiten oder große Macht – und sind winzig klein. Schüchterne sind riesig groß und wirken furchteinflößend.

Andere Monster sind einfach total witzig, komisch und na ja, irgendwie freakig und verrückt.

In der Welt der Monster ist vieles erlaubt. Monster können Grenzen überschreiten, die Welt auf den Kopf stellen, Regeln ignorieren – und trotzdem bleiben sie liebenswert. Sie fungieren als Repräsentanten von Anarchie und Trotz oder auch von Sehnsüchten.

In jedem Fall sehen diese geheimnisvollen Kreaturen aufregend ungewöhnlich aus. Dagegen ist ein normaler Mensch ja zum Gähnen langweilig, oder? – All das finden Kinder faszinierend und steigen mit einer prickelnden Portion „Angstlust" ins monstermäßige Spielen ein – wenn sie die Möglichkeit dazu bekommen.

Und zu einem solchen Spielen mit Kindern möchte ich Sie – Erzieherinnen, Pädagoginnen, Eltern und Interessierte – ermutigen. Entdecken Sie gemeinsam mit den Kindern ganz individuelle Monsterwelten – jenseits von Kitsch und Kommerz. Wie sieht mein Monster, mein ganz echtes Monster eigentlich aus? Und welche Macken und Fähigkeiten hat es?

Das *kann* der Angstbewältigung dienen – darüber hinaus bietet die Auseinandersetzung mit Monstern viele kreative, aufregende, anregende, wahrnehmungs- und bewegungsfördernde Bildungschancen.

Monstermäßiger Spaß für alle Beteiligten ist garantiert!

Susanne Steffe

Praktischer Wegweiser durch die Monsterwelt

Jedes der folgenden sechs Kapitel wird mit einer spannend witzigen Vorlesegeschichte eingeleitet, aus der hervorgeht, „wo die Reise hingeht". Es steht jeweils ein Monster (oder auch ein Gruppe von Monstern) im Zentrum, mit ganz verschiedenen Fähigkeiten und Macken. Die sind so vielfältig, wie die Monsterwelt eben ist! Und dass die Macken und Fähigkeiten der Monster den Kindern gut vertraut sind, daran knüpfen die nachfolgend vorgestellten ausgesuchten und erprobten Spielideen an.

Im ersten Kapitel geht es darum, dass Kinder „ihren" Monsterfreund erfinden und sich diesem Wesen durch Malen und Basteln annähern. Hier steht die Förderung von künstlerischem Ausdruck, Fantasie, visueller und taktiler Wahrnehmung, Kreativität und Feinmotorik im Vordergrund.

Im zweiten Kapitel veranstalten wir einen verrückten Monstertag und besuchen die Monsterschule, in der ein wenig umgekehrte Welt gespielt wird. Rollenspiele sind angesagt! Schüchtern oder Großkotz? Ordnung oder Unordnung? Hier können die Kinder im vorgegebenen Rahmen Machtfantasien ausleben und Regeln außer Kraft setzen.

Das dritte Kapitel widmet sich mit Klangbahn, Klangspielen und Tänzen schwerpunktmäßig dem Bereich der auditiven Wahrnehmung. In der Monster-Klangbahn wird ordentlich gescheppert und getönt. Und bei den Klingklang-Spielen ist Lärmen angesagt, aber auch gutes Zuhören und monstermäßiges Lauschen mit gespitzten Ohren.

Im vierten Kapitel steht die Geschmackswahrnehmung im Vordergrund. Bei einem Besuch in Restaurant „Zum hungrigen Monster" wird die Monsterküche erkundet. Was essen Monster denn wohl eigentlich so? Da gibt es natürlich eine Menge Rezepte zum Nachkochen. Und wie essen Monster? Dürfen Monster schmatzen? Das kleine „Kochmonster-Spieletheater" eröffnet die Chance, die gustatorischen Eindrücke ins Spiel einzubinden. Und wie ist das mit den Tischmanieren? Na, die werden hier natürlich als bekannt vorausgesetzt und mit Freude über Bord geworfen!

Im fünften Kapitel heißt das Motto: „Raus ins Freie!" Bewegung mit Spiel, Spaß und ein wenig Tüftelei ist angesagt bei der Suche nach dem „Wachmonster Socke". Das außergewöhnliche Stationenspiel spricht alle Sinne an und ist viel abwechslungsreicher als eine schnöde Schnitzeljagd.

Krönender Abschluss **im sechsten Kapitel** ist das große Monsterfest. Hier finden Sie Verkleidungstipps, Festprogramm, Partyspiele und weitere Attraktionen.

Einsatzmöglichkeiten und -formen
Sie können die Monsterwelt auf unterschiedlichen Wegen erobern:

Impulse und Spielideen situativ aufgreifen
Ausgehend von den *pädagogischen Schwerpunkten* der Angebote finden Sie Spielideen
- zur Förderung von Kreativität und Wahrnehmung (Kapitel 1),
- zur Förderung von Selbst- und Fremdwahrnehmung, Persönlichkeitsbildung (Kapitel 2),
- zur Förderung der auditiven Wahrnehmung (Kapitel 3) und
- zur Förderung der gustatorischen Wahrnehmung (Kapitel 4)

Thema Monster als Aktionsangebot
- ein fetziges Bewegungsanbot für draußen: Monstersuche in Kapitel 5
- inspirierende Gestaltungsideen im Kapitel 6: „Das Monsterfest"

Monstertag
„Monster" kann das Thema eines Tagesangebots sein. Dabei können Sie ein Schwerpunktthema aufgreifen, das in Ihrer Gruppe gerade relevant ist (Angstbewältigung [insbesondere Kapitel 1], Tischmanieren [insbesondere Kapitel 4] oder Ordnung und Chaos [Kapitel 2]). Sie können auch aus allen Angeboten selbst einen monstermäßigen Spiel-und-Spaß-Tag zusammenstellen.

Monsterwoche–Projektangebot
Ein Projekt, das die Kinder begeistern wird: Mit Zeit und Muße durch selbst erschaffene Monsterwelten streifen und dabei in der Auseinandersetzung mit Fantasiewelten lernen. Alle Ausgangsmaterialien finden Sie in diesem Buch.

Kleine Monsterkunde

Von der Wortbedeutung her ist ein Monster ein Ding oder Lebewesen, das sich durch Größe, Stärke, aber auch Hässlichkeit auszeichnet. Es ist weder Mensch noch Tier, sondern eine sogenannte Kreatur.

Monster gab es schon in der Antike, den Minotaurus zum Beispiel. Die alten Griechen haben sich ganz fabelhafte Wesen ausgedacht. Manche können fliegen, andere hocken als Seeungeheuer in den Tiefen des Meeres.

Sehr bekannt sind bei uns Nessie, ein schottisches Seeungeheuer, und das Yeti Monster im Himalaya.

Allen Monstern ist eins gemeinsam, nämlich dass es sie nicht gibt! Wobei das bei Yeti und Nessie ab und zu angezweifelt wird, da beide anscheinend immer mal wieder lange genug auftauchen, um jemanden davon zu überzeugen, dass es sie doch gibt. Böse scheinen sie aber nicht zu sein, da sie nie jemandem etwas getan haben.

Außer den hier genannten existieren in der Fantasiewelt noch jede Menge andere Monster, die ich aber nicht alle aufzählen kann, da in diesem Buch sonst kein Platz mehr wäre für meine eigenen, selbst erfundenen Kreaturen. Die lustigen Monster, die ich mir ausgedacht habe, spielen ja schließlich die Hauptrollen in den folgenden Kapiteln, daher möchte ich die wichtigsten hier nun kurz bildlich vorstellen:

Das Mamo-Monster

Lehrermonster Isnokul und die zwei kleinen Schulmonster Kulkul und Wischkul

Fressmonsterfamilie Schmatz:
Stellvertretend für die Familie
hier: Papa Schmatz

Das Klingklangmonster
Schubidu und das Klingklang-
Monsterkind Schalala

Monsterkönig Socke und
seine Tochter, die fürchterliche
Prinzessin

DAS MAMO-MONSTER

Immer wenn Anna sich langweilte, träumte sie sich weit weg. Hoch in den Himmel, über die Wolken, bis zum Regenbogen und noch weiter bis ins ferne Monsterland. Wo das ist? Na da, wo die guten Monster wohnen.

Nun war es mal wieder soweit. Anna döste gelangweilt vor sich hin. Sie fing an zu träumen. Und schwupp. Auf einmal stand sie im Monsterland vor einem seltsamen Haus. Es war ganz bunt und sah aus wie aus Pappe zusammengeklebt. Ein Teil erinnerte an eine Ritterburg, ein anderer an ein Hexenhaus. Neugierig ging Anna zur Tür. Oben drüber hing ein großes Schild, auf dem stand in krakeligen Buchstaben:

MAMOS MONSTERHAUS

Oh, dachte Anna, so ein lustiges Haus hätte ich auch gerne!
Sie ging durch die Tür, und plötzlich sah sie das Monster. Dieses ulkige Wesen musste wohl Mamo sein. Anna staunte sehr, denn das komische Monster wechselte blitzschnell seine Farben. Zuerst war es leuchtend blau. Dann wurde es rosarot. Es veränderte die Farbe weiter zu gelb, zu grün. Zwischendurch war es plötzlich kariert, dann bunt gestreift. Tatsächlich erinnerte es ein wenig an einen lustigen Tintenfisch. Es war kugelrund, und mit seinen Krakenarmen konnte es gleichzeitig malen, mit der Schere Papier schneiden, Sachen zusammenkleben, in der Nase bohren und auch noch basteln. Dabei kicherte es fröhlich vor sich hin und zeigte seine kleinen spitzen Monsterzähne. Manchmal hopste das Mamo-Monster vor lauter Begeisterung in die Luft. Das passierte immer dann, wenn es wieder eine neue Idee hatte. Und es hatte dauernd neue Einfälle.
Der ganze Raum war vollgestopft mit Farbtöpfen, Papierbögen, Scheren, Klebstoff, Perlen, Stoffresten und all dem anderen Kram, den Kinder zum Malen und Basteln gebrauchen können. Anna bekam große Lust, mitzumachen.

Aber das Mamo-Monster hatte nicht nur viele Arme, sondern auch noch ein zusätzliches Auge am Hinterkopf. Das guckte aus den zotteligen Haaren heraus wie ein Osterei aus einem Nest voller Gras. Und plötzlich entdeckte es Anna. „Huuuu! Ein Mensch!", rief das Monster und wurde vor Schreck ganz violett. „Hilfe, Hilfe! Ein Mensch! Huuu, ich hab ja solche Angst!" Blitzschnell verschwand das Mamo-Monster unter einem großen Haufen Papier. Mit klappernden Zähnchen flehte das Monster: „Huu! Me-Mensch. Bi-bi-bitte tu tu tu mir nichts." „Aber nein", versuchte Anna das schlotternde Monster zu beruhigen, „ich tu dir doch nichts." „Echt nicht?", flüsterte Mamo und lugte vorsichtig unter dem Papierberg hervor. „Ich hab aber doch so grässliche Furcht vor Menschen. Jeden Abend guck ich unter mein Bett, ob sich da auch sicher kein unheimliches Kind versteckt hat. Und jetzt steht auf einmal eins genau vor meiner Nase. Ich bin entsetzt." Mühselig wurstelte Mamo sich aus dem Papierwust heraus und versteckte sich hinter großen Farbtöpfen. „Hey, Mensch, was willst du denn überhaupt hier?", fragte das Monster dann. „Oh", antwortete Anna höflich, „Guten Tag erst mal. Ich bin Anna. Also: Dein Haus gefiel mir so gut, da dachte ich, ich guck mal rein. Hab gesehen, wie du so toll gemalt und gebastelt hast. Du bist ja ein richtiges Künstlermonster. Und dann hatte ich auf einmal so große Lust, mitzumachen. Darf ich?"

„Huch", murmelte das Mamo-Monster hinter den Farbtöpfen und fühlte sich auf einmal sehr geschmeichelt. Dann grinste es und kam aus seinem Versteck heraus. „Na, wenn das so ist", sagte es und streckte Anna mutig eine Hand entgegen. „Ja, genau so ist das", lachte Anna. „Vor einem Kind wie mir musst du doch wirklich keine Angst haben. Oder seh ich etwa aus wie ein Monster?" Da fing das Monster an zu lachen. Es lachte und lachte und lachte. Kichernd umarmte es Anna mit seinen vielen Armen und rief: „Wie schön, dich kennenzulernen. Nun weiß ich endlich, dass ich vor euch Menschen gar keine Angst haben muss. Also, herzlich willkommen, Anna. Ich bin Mamo, das Malmonster. Und nun schnapp dir einen Pinsel und monster dir ein mal – äh mal dir ein Monster. Oder bastel dir eins zum Liebhaben. Und wenn du wieder zu Hause bist, baust du zusammen mit deinen Freunden ein tolles Monsterhaus." Begeistert klatschte Anna in die Hände.

Tja, Kinder, aber an der Stelle ihres Traumes ist Anna plötzlich aufgewacht. Und ihr erster Gedanke war: Hey, dieses Mamo-Monster hatte ja eine monstermäßig gute Idee: Monster malen, Monster basteln, Monster kleben, Monsterhaus bauen.
Na Kinder, habt ihr auch Lust mitzumachen? Malkittel anziehen und los geht's.

Monster-Mal & Monster-Druck

Steigen sie zur Einstimmung in ein Gespräch mit den Kindern ein. Im Stuhlkreis erzählen die Kinder, welche Monster sie kennen. Welche sind ihre „Lachmonster", ihre „Liebhab-Monster" und welches die „Angstmonster". Wie sehen sie aus? Was macht sie so einzigartig?
Danach darf jedes Kind sein Lieblingsmonster kurz darstellen. Und darüber erzählen, wenn es mag.

MEIN FREUND, DAS MONSTER

Einen außergewöhnlichen Freund hätten viele Kinder gerne.
Wie sollte denn das Monster aussehen, das sie sich als Freund wünschen würden?
Dieses Monster malen sie erst mal auf Papier. Das fördert Fantasie, Farbensinn, Feinmotorik. Danach probieren die jungen Künstler und Künstlerinnen verschiedene Mal- und Drucktechniken aus, dann basteln sie tolle Monster und es wird auch gespielt. Die Erwachsenen werden sich wundern, was da für großartige Kreaturen entstehen.

Mal dir dein Monster

Monster haben ganz verschiedene Farben und Formen, und manchmal auch zu viele oder zu wenig Augen. Manche sehen ziemlich verwegen aus und haben ganz spitze Zähne! Gleichzeitig können sie aber auch süß und knuffelig sein. Bei Monstern ist das kein Widerspruch. Alles ist möglich

Alter: ab 3 Jahren
Material: Malkittel, Papier, Stifte, Bänder, Wolle, Glitzerkram, kleine Perlen, Wackelaugen, geschreddertes Papier, Stifte, Wasserfarben

Jedes Kind malt „sein" Monster. Mit Buntstiften, mit Filzstiften, Finger- oder Wasserfarben. Und wenn sie wollen, können sie es auch weiter verzieren mit allen möglichen zur Verfügung stehenden Materialien. Geschreddertes Papier gibt zum Beispiel eine tolle Haarpracht für Monster.
Erweiterung für Lesekinder: Unter das Bild kommt ein Satz: „Ich liebe mein Monster, weil ...
– es im Bett genauso herumkrümelt wie ich ...
– weil es genauso strubbelige Haare hat wie ich ...

Puste ein Monster

Pustebilder sind sehr fantasieanregend. Die Kinder entdecken ganz erstaunliche Monster. Mal nur Gesichter, mal seltsame Gestalten. Diese Pustemonster lassen sich später auch noch gut mit Buntstiften herausarbeiten.

Alter: ab 4 Jahren
Material: Aquarellpapier oder dickeres Zeichenpapier, Wasserfarben, 2 saubere Joghurtbecher, halbierter Strohhalm, feuchter Lappen, evtl. Wackelaugen und Klebstoff

In den Bechern mit Wasser zwei verschiedene Farben dünnflüssig anrühren. Kontrastfarben sehen sehr gut aus.
Dann in die Mitte des Blattes einen Klecks von jeder Farbe ganz dicht nebeneinander gießen. Den Strohhalm über die Farben halten und pusten. Weiter in alle Richtungen pusten.
Wer will, kann mit dem feuchten Tuchzipfel auch noch Farbe auf dem Blatt verwischen.

Tipp: Ergibt sich ein Monstergesicht, dann unbedingt Wackelaugen draufkleben.

Kleb dir ein Monster

Diese Monster aus geometrischen Formen sind auch für jüngere Kinder ganz einfach herzustellen, wenn die Teile erst mal ausgeschnitten sind. Daher empfiehlt es sich, mit einfachen und nicht zu kleinen Formen zu beginnen. Ausschneiden ist eine gute Übung für die Feinmotorik. Größere Kinder können später auch mit grazileren Formen arbeiten.

Alter: ab 4 Jahren
Material: Buntpapier in leuchtenden Farben, schwarzes Papier, Schere, Klebstoff, Wackelaugen, evtl. Locher

Aus dem Buntpapier große Formen ausschneiden, z.B. Rechteck, Kreis und Dreieck. Dann ganz viele Arme, Beine, Zähne, Mäuler etc. ausschneiden, je nachdem, wie das Monster aussehen soll.
Anschließend die Einzelteile auf schwarzes Papier aufkleben, und die Wackelaugen nicht vergessen. Wenn keine da sind, lassen sich Augen aber auch aus weißem und schwarzem oder farbigem Papier basteln. Für die Pupillen ist ein Locher ganz hilfreich.

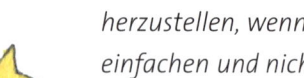

Monster-Papiermosaik

Mosaike aus Papier sind ganz einfach herzustellen. Allein oder in der Gruppe – dann kann sogar ein riesiges Monster-Wandbild gestaltet werden – ist das ein Riesenspaß für Kinder.

Alter: ab 5 Jahren
Material: schwarzes oder weißes Papier als Untergrund; Schere, Tapetenkleister, Plastikschüsselchen oder Becher, Bleistift; als Mosaikpapier eignet sich farbiges Tonpapier oder die Kinder streichen als Vorbereitung Malblätter in verschiedenen Farben mit dem Pinsel ein und lassen sie trocknen

Zuerst mit Bleistift in möglichst großen, einfachen (!) Formen einen Entwurf vom Monster auf das Untergrund-Papier aufzeichnen.
Die Kinder schneiden dann die verschiedenfarbigen Blätter in kleine Vierecke.
Am Anfang nicht zu viele Farben nehmen, nur die drei Grundfarben.
Die Vierecke einer Farbe immer in ein Schüsselchen legen.
Dann erst mal mit den Papierstückchen probelegen.
Den Tapetenkleister anrühren. Den Kleister immer den vorgezeichneten Linien folgend auf das Papier streichen und nicht alles auf einmal draufklatschen.
Die Papierschnipsel dann den Linien folgend aufkleben. Nicht zu dicht setzen! Es sollten Fugen dazwischen zu sehen sein oder auch mal weiße Flächen.

Kartoffelmonster

Was Kinder aus geometrischen Formen für tolle Monster erfinden, bringt Erwachsene immer wieder zum Staunen.

Alter: ab 3 Jahren
Material: Kartoffeln, Messer, Brettchen, Wasserfarben oder Kindergartenmalfarbe, Pinsel, Papier, Wischtücher, Wasserbecher

Vorbereitung: Unterschiedlich geformte Kartoffeln in der Mitte halbieren. Für die Kleinsten muss das ein Erwachsener machen.

Die ganzen Hälften stempeln. Das ist der Monsterkörper samt Kopf. Dazu den Stempel mit Farbe einpinseln und auf Papier drücken. Die Farbe nicht zu dünn auftragen.
Bevor eine neue Farbe verwendet wird, muss die alte gut abgewischt werden.
Der Körper könnte gepunktet oder kariert sein und bekommt dann gemalte Augen, Mund, Füße, Arme …

Monster Fingerdruck

Eine sehr schöne Stempelei ohne viel Aufwand, bei der auch die ganz Kleinen von Anfang an richtig gut mitmachen können. Super Monster werden da entstehen.

Alter: ab 3 Jahren
Material: Fingerfarben, Papier, Wasser, Wischtücher, Malkittel

Mit den Fingerkuppen lässt sich super drucken. Die individuellen Abdrücke verleihen dem Monster eine ganz unverwechselbar persönliche Note. Drucken lässt sich aber auch mit der ganzen Hand oder mit ganzen Fingern.

Die drei Handmonster

Sehr lustige und fantasievolle Erweiterung des Monster-Fingerdrucks für die etwas Größeren.

Alter: ab 5 Jahren
Material: schwarzes Tonpapier, weißes Malpapier, Wasserfarben oder Fingerfarben, Pinsel, Wackelaugen, Klebstoff, Deckweiß, Wasser, Wischtücher, Handtuch, Filzstifte

Das kleinere weiße Papier auf das größere schwarze Papier kleben, so dass ein ca. 5 cm breiter schwarzer Rahmen entsteht.
Nun drei Monster auf das weiße Blatt drucken. Am besten mit dem in der Mitte anfangen.
Dazu die Hand mit einer Farbe einpinseln und den ersten Abdruck in die Blattmitte platzieren. Den Daumen wegstrecken, so dass nur vier Finger gedruckt werden.
Farbe abwaschen, Hand abtrocknen und den zweiten Abdruck machen. Dazu nur zwei Finger und die Handfläche drucken, damit das Monster Hörner bekommt.
Den dritten Abdruck dann vielleicht mit dem Handrücken drucken?
Tipp: Vorher auf einem Schmierblatt ausprobieren, wie es aussieht, wenn man beim Druck welche Finger weglässt.
Trocknen lassen. Augen aufkleben. Das müssen nicht zwei sein. Eins oder fünf vielleicht? Den Mund mit Filzstift aufmalen, z.B. als schrägen Strich? Und mit Deckweiß schöne Monsterzähne malen.

Monster Mal & Spiel

Monster der Finsternis

Im Dunkeln malen ist für Kinder mal eine ganz neue und witzige Erfahrung. Da entstehen die seltsamsten Monster der Finsternis!

Alter: ab 5 Jahren
Material: dunkler Raum, Tisch, Stifte, Papier, Stoppuhr

Die Kinder setzen sich um den Tisch herum. Dann wird der Raum so abgedunkelt, dass es dunkel, aber nicht stockfinster ist.
Nun malt jedes Kind ca. 10 Minuten lang sein Monster.
Tja, das ist gar nicht so einfach, aber die Ergebnisse sind garantiert ein großer Lacherfolg.

Monster Mix-Max

Wenn das Oberteil vom einen Monster mit dem Unterteil eines anderen Monsters zusammengefügt wird, ergibt sich ein völlig anderes komisches Monster, über das Kinder sich krummlachen können.

Alter: ab 4 Jahren
Material: Zeichenkarton in Postkartengröße, Schere, Buntstifte oder andere Stifte

Vorbereitung: Zuerst einigen sich alle, wie die Monster aufgemalt werden: Hoch- oder Querformat? – damit die Aktion auch funktioniert, denn das Ergebnis wird sonst so absurd, dass kein Kind mehr eine Gestalt erkennen kann.

Jedes Kind malt sein Monster.
Dann die Karte genau in der Mitte knicken, also Ecke auf Ecke, und dann durchschneiden. Nun werden die Teile gut gemischt und mit der Bildseite nach unten auf eine Oberfläche gelegt. Dann nimmt sich jedes Kind zwei Teile heraus und fügt diese zu einem ganz neuen Monster zusammen. Manche haben dann eben zwei Hinterteile, aber keinen Kopf. Sind halt echte Monster, da ist alles möglich.

Bilderbuchprojekt:
10 kleine Monster, die toben auf dem Bett

Zum Abschluss unserer Monster-Mal & Monster-Druck-Aktion gestalten alle gemeinsam ein Bilderbuch mit dem Titel: „10 kleine Monster, die toben auf dem Bett!"
Dazu können die Kinder, je nach Alter, allein, zu zweit oder in kleinen Gruppen ihren Illustrationsbeitrag nach einer der oben beschriebenen Techniken liefern. Der Text wird von allen gemeinsam gereimt. Lesekinder können das Schreiben der Texte selbst übernehmen.

Alter: ab 5 Jahren
Material: große Zeichenblätter, Stifte und Farben aller Art, Buntpapier, Schere, Klebstoff, Stempelmaterial, Wasserfarben usw.

Vorbereitung: Gereimt wird gemeinsam nach folgendem Muster. Die Kinder reimen weiter und zählen dabei rückwärts, bis keine Monster mehr da sind.

Zehn kleine Monster,	*Neun kleine Monster,*
die toben auf dem Bett.	*die toben auf dem Bett.*
Eins haut sich den Kopf an,	*Eins sucht was zu essen,*
und dann ist es weg.	*und dann ist es weg.*

Anschließend gestalten die Kinder allein, zu zweit oder in der Gruppe jeweils eine „Monsterseite" und eine Textseite. Auch die Textseite können die Kinder noch dekorieren oder illustrieren.
Gemeinsam wird ein Deckblatt für das Monsterbuch hergestellt, aus etwas festerem DIN-A-4-Karton.
Anschließend die Blätter im Copy-Shop zu einem „Buch" binden lassen.
Alternative: Notfalls kann man die Blätter auch lochen und dann mit einem Band zusammenbinden, wobei das Umblättern da nicht so gut funktioniert.

Zum Bilderbuch basteln die Kinder anschließend lustige Fingermonster, die beim Vorlesen oder Vortragen pantomimisch zum Einsatz kommen können (immer einen Finger weniger zeigen – so lernen die Kleinen das Zählen).
Die Fingerpuppen eignen sich sehr gut für ein Alltagsritual, z.B. am Abend, bevor es ins Bett geht. Und danach „sind alle Monster weg".

Monster-Fingerpuppen

Ganz einfache kleine Fingerpuppen mit einer großen Wirkung. Die Kinder lieben sie und sind unermüdlich im Erfinden von Spielszenen, bei denen ihre Fingermonster die Hauptrolle spielen.

Material: alte Fingerhandschuhe, Schere, Klebstoff, Wackelaugen, Buntpapier

Für die einfachste Version einfach die Finger von alten Fingerhandschuhen abschneiden und als Monster verzieren. Dazu schneiden die Kinder aus Papier Zacken o. Ä. zur Verzierung aus und kleben sie zusätzlich zu den Wackelaugen auf.

Variante: Die Filzlinge

Hier geht's ans Nähen – das sollten die Erwachsenen übernehmen oder die größeren Kinder. Beim Verzieren der vorgenähten Filzlinge können dann die Kleinen wieder mitmachen.

Material: Filz und Filzreste in verschiedenen Farben, Schere (Zickzackschere macht sich besonders gut), Wackelaugen, Klebstoff, Garn, Nähnadel

Aus Filz einen Streifen schneiden, der über einen Finger passt, und dann die Seiten mit Nadel und Faden zunähen.
Oder zwei Streifen gleicher Größe zuschneiden und an 3 Seiten zunähen. Oder eine andere Form. Monster müssen ja nicht wie Stäbchen aussehen.
Den Filzrand mit der Zickzackschere schneiden – das sieht super aus.
Die Wackelaugen aufkleben. Wenn keine da sind, kann man Augen auch aus schwarzem und weißem Filz zuschneiden und aufkleben. Ausprobieren, wie es am monsterigsten aussieht.
Einen Mund ausschneiden oder aufmalen, und Zähne.

Monstervilla „Pappenheim"

So ein Pappenheim ist wirklich eine tolle Sache – nicht nur für Monster. Es ist ein großer Spaß – der preiswert umzusetzen ist. Die folgende Bauanleitung ist durchaus ausbaufähig, Ihrer Fantasie sind, ausgehend vom vorhandenen Kartonmaterial, keine Grenzen gesetzt.

Alter: ab 5 Jahren, mit Hilfe der Spielleitung beim Schneiden mit dem Cutter
Material: 3 große Kartons, möglichst ein hoher (z. B. Kühlschrankverpackung) und ein eher quadratischer, und einer zum Auseinandernehmen; Teppichmesser, Finger- oder Plakafarben, Klebeband, Schere, Klebstoff

Wie das Monsterhaus aussieht, richtet sich unter anderem nach den Kartons, die zur Verfügung stehen. Ich gehe hier mal von einem hohen und einem rechteckigen oder quadratischen Karton aus. Gegebenenfalls müssen auch mehrere Kartons von der Spielleitung miteinander verbunden werden, um die gewünschte Größe zu erhalten.

Der hohe Karton verwandelt sich in den burgähnlichen Teil der Monstervilla. Dazu entfernt die Spielleitung erst mal mit dem Messer den Deckel des Kartons.

Am oberen Rand des Kartons können nun die Kinder die Zinnen mit Stift anzeichnen. Die Spielleitung schneidet die Zinnen dann aus. Als Fenster kann man auch noch Sehschlitze in die Seitenwände schneiden.

An das vordere Teil des Burgtraktes kommt eine Zugbrücke. Dazu am vorderen Teil des Gebäudes ein Viereck ausschneiden (den unteren Rand aber nicht abschneiden), das sich auf- und zuklappen lässt. Damit die Zugbrücke auch richtig funktioniert, zwei Schnüre am oberen Teil des Tores anbringen. Diese Schnüre führt man durch kleine Löcher ins Innere der Spielburg und verknotet sie so, dass sie nicht durch die Löcher rutschen können. Die Knoten also recht dick machen! Nun lässt sich von innen die Zugbrücke rauf- und runterlassen. Am Tor werden die Schnüre mit Klebeband befestigt.

Die Monsterbehausung kann noch nach Lust und Laune bemalt und dekoriert werden. Manche finden es toll, Ziegelsteine zu malen. Und aus den Fenstern könnten durchaus ein paar Monster herausgucken.

Für den „Anbau" (falls gewünscht) den anderen Karton an die „Burg" dranstellen und eventuell mit Klebeband fixieren. Überlegen, wo Fenster und die Tür hin sollen und diese mit einem Stift vorzeichnen.

Fenster und Türen ausschneiden. Dabei eine Seite der Tür stehen lassen, um diese öffnen und schließen zu können. Für Fenster mit Fensterläden beide Außenseiten stehen lassen, dafür aber mittig in der Senkrechten einen Trennungsschnitt machen.

Und nun die Fassaden schön monstermäßig verzieren…

Tipp: Die Monster-Ausstellung: Die Wände der Monstervilla als Ausstellungsfläche nutzen und mit den selbst gestalteten Kunstwerken der Kinder schön „tapezieren." Aus zum Dreieck aufgestellten Kartonflächen lassen sich noch zusätzlich „Pinnwände" für eine schöne Monsterausstellung basteln.

Zwei Monster zum Liebhaben

Zum Spielen im „Pappenheim" eignen sich die Fingermonster aus dem Bilderbuchprojekt (siehe Seite 21). Aber noch schöner ist es, wenn die Kinder extra Bewohner für das tolle Pappenheim basteln: zwei verschiedene ganz und gar liebenswürdige Kuschelmonster. Die Bastelei ist eher etwas für Lesekinder, die schon mit Nadel und Faden umgehen können, die Kleinen können aber beim Dekorieren helfen.

Mein Kuschelmonster

Alter: ab 6 Jahren
Material: Filz- und Stoffreste, Klebstoff, Garn/Schnur, Nadel, ausgediente Nylonstrümpfe, Pappe, Schere, Stifte, Wollreste, Knöpfe, Textilstifte, Nähmaschine, Stecknadeln

Zuerst erfinden die Kinder ihr Kuschelmonster und malen den Umriss (etwa Din-A 4-Format) auf ein Blatt. Je einfacher die Form, desto besser. Also keine dünnen Arme und Beinchen bitte!

Die Papiervorlage ausschneiden. Sie dient als Schnittmuster.

Das Muster auf zwei Lagen Stoff legen und mit Stecknadeln feststecken. Die Spielleitung gibt Hilfestellung, wo es notwendig ist. Dann den Stoff rundherum ausschneiden und eine kleine Nahtzugabe lassen.

Ein Erwachsener übernimmt die Aufgabe, die Monster mit der Maschine zusammenzunähen. Oder die Kinder, die es schon können, nähen mit Rückstich ihr Monster in Handarbeit zusammen. Ein Stück Naht bleibt offen.

Nun das Monster umdrehen, damit die Naht innen ist. Jetzt wird es mit Füllmaterial ausgestopft, z.B. alte Nylonstrümpfe. Das offene Stück mit der Hand zunähen oder nähen lassen.

Nun wird dekoriert. Und zwar monstermäßig. Nur keine Scheu. Monster können wirklich völlig schräg aussehen, dazu sind es ja schließlich Monster. Auf einen Filzkopf lassen sich Mund und Augen mit dickerem Garn aufnähen. Das Monster könnte aber auch ein Knopfauge bekommen und einen großen, ganz schiefen Mund aus Filz, aus dem ein einziger Zahn herausschaut.

Haare lassen sich z.B. aus Wollfäden herstellen, die man zu einem Büschel bindet, das auch mit ein paar Stichen angenäht wird. Man kann Zöpfe annähen oder das Monster mit Bändern verzieren, mit Glitzer, Flitter usw. Perlchen, Pailletten, einfach alles ist

möglich. Allerdings sollte nichts spitz oder scharf sein bei einem Knuddel-Kuschel-monster, aber das versteht sich ja von selbst.

Strumpfsocken-Knutschmonster

Dieses Monster zum Knutschen und Spielen ist eine echte Handpuppe, mit der sich alles Mögliche veranstalten lässt. Es sitzt aber auch gerne mit seinen Kumpels in der „Villa Pappenheim" am Fenster.

Alter: ab 5 Jahren
Material: Socke, Wollreste, Pappe, Wackelaugen, Nadel, Filz, Schere, Klebstoff

Ein Stück Pappe auf den Sockenfuß legen und ein lang gestrecktes Oval aufzeichnen, das später in den Sockenfuß reinpasst. Pappoval mit der Schere ausschneiden. Das Stück Pappe dann zu 2/3 knicken. Pappe in die Socke schieben: das längere Stück kommt in die Fußspitze, das kürzere Stück in die Ferse. Um die Pappe zu befestigen, kann man sie mit Klebstoff einpinseln, bevor die Pappe in die Socke geschoben wird. Allerdings sollte das Einlegen vorher ohne Kleber ausprobiert werden, denn diese Pappe hat einen Sinn: Wenn das Kind später mit der Hand in die Socke geht, kann es den Mund der Puppe bewegen, indem es die Pappe am Knick zusammendrückt und loslässt. So kann es die Puppe sprechen lassen. Das erhöht die Spielqualität.
Ist der Mund fertig, kleben die Kinder von außen noch ein passendes Stück Filz in den Mund, und eine Zunge oder Zähne. Dann aus Wollfäden dem Sockenmonster eine Frisur verpassen. Zusätzlich noch Wackelaugen aufkleben, oder Augen aus Filz. Nasenlöcher könnte es vielleicht auch gebrauchen, oder was den Kindern sonst noch einfällt.

Monstertaufe

Tja, nun bekommt jedes Monster auch noch einen Namen! Also meins heißt Plumsiplaff…

MIT KULKUL UND WISCHKUL IN DER MONSTERSCHULE

Habt ihr euch schon mal überlegt, wie Monsterkinder den Tag verbringen? Was machen die denn so? Monstern sie einfach nur herum? Oder gehen Monster in die Monsterschule? Na klar! So einfach ist das Monstern nämlich gar nicht, wie die Menschenkinder vielleicht glauben.

Es gibt artige und ungezogene Monster. Dabei ist die Regel, an die sich Monsterkinder halten sollen, ganz einfach: Sie müssen unbedingt immer das Gegenteil von dem machen, was der Lehrer sagt. Brav und frech – das ist in der Monsterwelt einfach vertauscht. Die Monsterkinder Kulkul und Wischkul müssten das eigentlich ganz genau wissen. Denn wenn das Lehrermonster Isnokul sagt: „Los, alle aufräumen", dann heißt das in der Monstersprache, dass die Monsterkinder mal eben ein riesiges Durcheinander machen sollen, vor allem die Papierkörbe umwerfen. Und dann mit Papierkugeln herumwerfen. Also das weiß doch jedes Monster. Aber nein, da sind so ein paar Rabauken wie Kulkul und Wischkul dabei, die fangen doch tatsächlich an, Papierfitzel vom Boden aufzuheben und tragen sie zum Mülleimer. Wo gibt's denn so was? Da muss man sich ja schämen, als ordentliches Monster. Und wenn schon Zielwerfen, dann aber unbedingt daneben.

Beim großen Monsterputz sollen die Kleinen mit Dreckschuhen überall herumlaufen und den Schmutz gut verteilen. Kommt doch da der kleine Wischkul tatsächlich mit Schaufel und Besen und kehrt alles blitzblank auf? Na, das ist doch unglaublich! So ein Frechdachs!

Aber so ist das nun mal in der Monsterschule. Da gibt es nicht nur brave Monster, nein, nein. Unartig sind manche, richtig schlimm. Kulkul und Wischkul wollen nicht mal mit den Fingern in die Grabbelkiste greifen und ekliges Zeug anfassen. Dabei ist das doch so wichtig für die Entwicklung.

Die Monstersprache steht am Monstertag auch noch auf dem Programm. Ist gar nicht schwer. Richtig schimpfen dagegen ist gar nicht so einfach. Kleine Monster müssen ganz schön lange üben, bis sie das richtig drauf haben. Kulkul mag gar nicht schimpfen, das findet der Lehrer schlimm. Kulkul sagt sogar zu Wischkul: „Du, ich hab dich lieb." Wenn er das macht, frisst Lehrer Isnokul vor lauter Wut die Tafelkreide. Danach kann er nur noch piepsen. So ist das nämlich, wenn man Kreide frisst. Das wussten schon die kleinen Schweinchen aus dem Märchen mit dem bösen Wolf. Na ja.

Danach geht es dann in die Monsterschreiberei. Da soll auf jeden Fall so gekleckst und gekleckert werden, dass der Monsterlehrer kaum mehr einen Buchstaben erkennen kann. Und was macht Kulkul? Er schreibt in Schönschrift und malt noch Blümchen um die Sätze herum. Wie furchtbar!

Und im Musikunterricht, da werden die Lieder bitte alle ganz falsch gesungen. Katzenmusik machen die kleinen Monster Kulkul und Wischkul immerhin so gut, dass die Hunde in der Nachbarschaft nur so losheulen.

In der Pause dürfen kleine Monster dann endlich unmögliche Monsterspiele spielen. Monsterkegeln zum Beispiel. Das machen Kulkul und Wischkul mit Begeisterung. Nach all der Anstrengung haben sie sich ja eine Pause auch wirklich verdient. Oder?

Na, habt ihr Lust, mal in die verrückte Monsterschule reinzuschnuppern? Dann herzlich willkommen und viel Spaß beim Monstern. Zum Schluss werden sogar noch leckere Würmer geangelt, und dann bekommen die Monsterkinder ein tolles Diplom. Ach so, beinahe hätte ich was vergessen: Geschichten vorlesen steht übrigens auch auf dem Monsterplan. Das müssen aber auf jeden Fall Lügengeschichten sein. So wie die, die ich hier gerade erzählt habe.

Verrückte Monsterschule

In der Monsterschule geht es ganz anders zu als in der Menschenschule. Für Menschenkinder bedeutet das „Verkehrte Welt". Ohne Regeln geht es aber dort auch nicht, nur sind sie eben etwas anders. Eine schöne Erfahrung. Kinder blicken zur Erweiterung des Horizontes mal „über den Tellerrand".

Alter: Vorschul- und Lesealter

Monstersprache

Damit mal eins klar ist: Es gibt ganz viele verschiedene Monstersprachen. So viele, wie es eben auch verschiedene Monster gibt. Aber damit die sich gegenseitig verstehen, lernen alle in der Monsterschule die Monster-Universalsprache. Die ist gar nicht so schwer.

Es werden einfach alle Vokale in ein ü verwandelt.
Hier ein Beispiel:
Ich gehe in die Monsterschule
Üch gühü ün dü Münstürschülü

Oh, warte, ich komme mit.
Üh, würtü, üch kümmü müt.

So, und nun üben!
Jedes Kind stellt sich in der Monstersprache vor. Es erzählt, wie es heißt, wie alt es ist, was für eine Art von Monster es ist und wie es aussieht. Und dann noch, was es gerne macht.
Das bringt sicher alle Monster zum Lachen – ühm – züm lüchün nütürlüch.
Na ja, eigentlich wird dann den ganzen Monstertag so gesprochen. Das könnt ihr ja mal versuchen.

Variante für Lesekinder: Keselinder können auch in dieser Sponstermrache sprechen. Ein Bungenzrecher ist ein Witz dagegen!

Monsterchens Schimpfkanonade

Hier geht es um Fantasie, kreative Wortschöpfungen, um ein Spiel mit der Sprache, das fördert, vor allem aber macht dieser etwas ungewöhnliche Wettbewerb allen kleinen Monstern einen riesengroßen Spaß.

Die Kinder bilden einen Spielkreis. Zwei kleine Monster gehen als Kulkul und Wischkul in die Kreismitte. Das ist sozusagen der „Kampfring", wo der monsterige Wettbewerb ausgetragen wird. Und nun beschimpfen sich die beiden abwechselnd. Hierzu wird vorher zwischen verschiedenen Schimpfwort-Möglichkeiten ausgewählt:

Obst- und Gemüsebegriffe: Kulkul erfindet ein Schimpfwort, wie z. B. „du vergammelte Pupsbanane". Wischkul kontert mit einem eigenen Schimpfwort wie zum Beispiel: „du Heulzwiebel"
Schimpfwörter aus der Küche: „du verdrehter Kochlaffel", „du verbeulter Blechtopf"
Grausig kreative Fantasie-Schimpfwörter: z. B. Stinknudel, Hosentaschenmonster ...

Das Monsterchen, dem zuerst nichts mehr einfällt, geht zurück in den Spielkreis, und ein anderes Monsterchen darf nun an seiner Stelle weiter schimpfen. Die Spielleitung spielt den Schiedsrichter und achtet darauf, dass keine Begriffe unterhalb der Gürtellinie verwendet werden. Fickfrosch geht also gar nicht.

Tipp: Und dann eine Spielrunde in der Monstersprache.

Monsterchens supereklige Grabbelkiste

Lauter monstrig ekelige Sachen warten darauf, erfühlt zu werden. Das Lehrermonster Isnokul behauptet, das sei gut zur Förderung der taktilen Wahrnehmung.

Material: ein großer Pappkarton; Stift; Cutter; lauter Sachen, die sich eklig anfühlen, z. B: Slime, Oliven, Dosentomaten, kalte Spaghetti, Pflaumen, kalte geschälte Weintrauben, mit Wasser gefüllte kleine Luftballons, Hühnerknochen, Popcorn, Würstchen

In die Seite des Pappkartons schneidet die Spielleitung zwei runde Löcher hinein, durch die sich je eine Hand stecken lässt.

Um den Gruseleffekt zu erhöhen, kann der Raum abgedunkelt werden. Bei Mini-Monstern ist das allerdings nicht zu empfehlen.

Ein Kind nach dem anderen darf seine Hand durch die Löcher stecken. Von der offenen Seite des Kartons aus gibt die Spielleitung dem Kind die verschiedenen Dinge in die Hand. Jedes Kind hat drei Versuche, um zu erraten, was es da tatsächlich in der Hand hält. Danach kommt ein anderes Kind an die Reihe.

Steckbrief in allerfeinster Monsterschrift

Lesemonster schreiben einen witzigen Steckbrief mit einem dünnen Pinsel und Wasserfarben – und zwar möglichst in Spiegelschrift. Jüngere Kinder gestalten ihren Steckbrief mit Finger- und Fußabdrücken, malen ein Monster, vielleicht können sie schon selbst ihren Namen dazu schreiben, ggf. hilft die Spielleitung.

Material: Wasserfarben, dünne Pinsel, Malpapier, Wasserbecher

Und dann erst mal die Monster- – äh – Spiegelschrift üben, das ist sehr spaßig. Am besten übt es sich natürlich vorm Spiegel. Achtung! Die Schreibrichtung verläuft von rechts nach links, aber die Buchstabenfolge bleibt. Hilfreich ist es, wenn man einmal ein Spiegelschriftalphabet aufschreibt, da kann man dann zwischendurch mal spicken.

ƆꟼⱯ … (Spiegelschrift-Alphabet M L K J I H G F E D C B A / Z Y X W V U T S R Q P O N)

Ach ja, das Lehrermonster Isnokul hat gesagt, dass auch gekleckst werden soll. Also nicht zu ordentlich pinseln. Immer schön monstern.

Der Text des Steckbriefes könnte folgendermaßen lauten:

Ich heiße (hier einen schönen selbst ausgedachten Monsternamen reinschreiben)
Ich bin ein (hier die selbst erfundene Monsterart reinschreiben) Monster
Ich bin ... (z. B. 437) ... Jahre alt
Ich esse am liebsten ...

Meine Hobbys sind ...

Monster-Aufräumaktion

Wenn Monster aufräumen müssen, dann bedeutet das, dass hinterher möglichst viel Durcheinander sein soll. Tja, so funktioniert nun mal Monsterpädagogik.

Material: 6 Eimer, viele Zeitungspapierkugeln

Eimer im Raum oder draußen verteilen. Die Monster sollen die Kugeln möglichst nah an den Eimer heranwerfen. Wer aber in den Papierkorb trifft, der scheidet leider aus.
Zum Schluss bleibt das Siegermonster übrig, das den ersten Preis für gelungene Unordnung bekommt.

Monsterchens Katzenmusik

Monster machen so schreckliche Musik, dass es für Menschen kaum auszuhalten ist. Und wenn sie dann auch noch so falsch singen, dass sogar die Katzen sich die Ohren zuhalten, dann ist das Lehrermonster am Ende des Monstertages sehr zufrieden.

Material: Instrumente aller Art

Die Kinder stampfen im Kreis herum und „machen Musik". Jeder spielt wie und was er möchte, und das möglichst laut. Dazu singen die Kinder laut und falsch, z.B. „Miau, Miau".
Das große Klang-Chaos macht tierisch Spaß, ist aber nicht sehr lange auszuhalten. Nicht mal für kleine Monster.

Wurmausgraben

Manche Monster essen total gerne Mehlwürmer. Das Lehrermonster hat zum Monster-
tag welche mitgebracht, denn heute steht Wurmausgraben in seinem Lehrplan. Dafür
tauchen kleine Monster auch schon mal ihre Monstergesichter tief ins Mehl hinein.

Material: 1 große flache Schüssel mit Mehl, große Fruchtgummiwürmer,
Fotoapparat

Jedes Monsterchen darf einen leckeren Wurm aus dem Mehl
fischen. Aber ohne die Hände zu benutzen. Also Luft anhalten
und Nase zuhalten oder zuklemmen, damit kein Mehl in die Nase
kommt. Ihhhhhh.
Und ein anderes Monster fotografiert, oder die Spielleitung.
Das gibt nämlich garantiert super Monsterfotos.

Monsterdiplom

Nach dieser Aktion bekommt jedes Kind vom Monsterlehrer ein Monsterdiplom mit sei-
nem Foto drauf. Dabei gestaltet jedes Kind das Diplom für ein anderes Kind.

Material: Karten, Stifte, Dekomaterial, Klebstoff, Foto von der Aktion
„Wurmausgraben" oder Foto in Monsterverkleidung

Foto auf eine schöne Karte kleben. Karte verzieren. Dazu schreiben die, die es können,
zum Beispiel mit einem Goldstift: Monsterchen ... hat am ... erfolgreich am Monstertag
teilgenommen. Für die Kinder, die noch nicht schreiben können, übernimmt die Spielleitung den Text.

Monsterschule-Pausenspiele

Nach all diesen anstrengenden Monster-Unterrichtsstunden müssen sich die kleinen Monster natürlich in der Pause mal so richtig austoben ...

Monsterkegeln

Umwerfende Monster umwerfen – je mehr, desto besser. Ich gebe hier nur einen Dekotipp für die Monsterkegel. Es gibt allerdings viele weitere Möglichkeiten, Flaschen in Monsterkegel zu verwandeln, zum Beispiel mit Filz oder mit Krepppapier und Wollresten ...

Alter: ab 5 Jahren
Material: leere Plastikflaschen, Fotokarton, Schere, Klebstoff, Filzstifte, kleiner Ball

Vorbereitung: Jedes Kind malt ein tolles Monster auf ein Stück Fotokarton. Aber aufpassen, dass es von der Größe her zu den Flaschen passt.
Von den selbstverständlich leeren und ausgespülten Flaschen die Etiketten entfernen und an jeder Flasche ein Monster ankleben. Fertig sind die Monsterkegel.

Die werden nun wie richtige Kegel aufgestellt. Von einer vorher vereinbarten Startlinie aus mit dem Ball gegen die Kegel rollen. Nicht werfen – rollen!
Wer schafft es wohl, beim ersten Mal alle umzuschießen?

Krabbelmonster
Ein munterer Bewegungsspaß

Alter: ab 5 Jahren

Die Kinder bilden eine Reihe hintereinander. Sie gehen in Krabbelstellung und umfassen mit den Händen jeweils die Knöchel des Vordermanns. Und los geht's.
Das Krabbelmonster macht sich auf den Weg durch den Raum. Der „Kopf" gibt die Richtung vor, und alle krabbeln hinterher!

Monsterchens tickendes Päckchen

Kleine Monster spielen manchmal Spiele, die ein wenig fies sind ... aber nicht wirklich gemein. Hier geht es um Schnelligkeit und Reaktion, und auch ein wenig um Einschätzung von Zeit. Wie lang sind denn nun vier Minuten?

Alter: ab 5 Jahren
Material: Schuhkarton oder Schachtel, die fest schließt; tickender Wecker

Den Wecker auf vier Minuten einstellen und in einen Schuhkarton legen.
Nun das Päckchen reihum von Spieler zu Spieler weitergeben. Am Anfang ist noch gar keine Eile nötig. Da kann man den Karton auch mal etwas länger halten. Aber je länger das Spiel dauert, desto spannender wird es. Denn: Wer den Karton in der Hand hält, wenn der Wecker klingelt, scheidet leider aus.
Dann wird der Wecker wieder aufgezogen. Zum Schluss bleibt ein Siegermonster übrig.

Tipp: Die Zeit verändern, die zur Verfügung steht, zum Beispiel nur zwei oder drei Minuten.

Das freundliche Monster

Wenn Monster Monster suchen ...

Alter: ab 5 Jahren
Material: Augenbinden für alle

Die Spielleitung sucht ein Kind aus, das die Rolle des Monsters übernimmt. Dann bekommen die Kinder die Augen verbunden. Alle wandern vorsichtig durch den Raum. Es gilt nun herauszufinden, wer das Monster ist. Sobald ein Spieler auf einen anderen trifft, muss er fragen: „Monster?" Antwortet der andere mit „Monster", dann ist ganz klar, dass er keines ist.
Antwortet er jedoch nicht, dann ist das Monster gefunden. Der andere Spieler verstummt ebenfalls und hängt sich beim Monster ein. Zum Schluss ist eine tolle Monsterkette entstanden.

KLINGKLANG-MONSTER SCHUBIDU

Im Monsterland wohnen ganz viele verschiedene Monster.
Manche sind frech und riesengroß. Aber keine Angst. Auch die, die gruselig aussehen, sind völlig harmlos. Es gibt sogar welche mit mehreren Köpfen oder mit vielen Armen. Es gibt Monster, die haben nur ein Auge, andere haben sieben.

Das Klingklang-Monster Schubidu sieht auch ganz besonders aus, denn es hat vier Ohren. Die sind geformt wie große Trompeten. Alle Klingklang-Monster haben riesige Ohren. Und zwar schon von Geburt an. Daher wirken bei kleinen Klingklang-Monstern die Ohren besonders groß. So groß wie Elefantenohren. Bei den Klingklang-Monstern gibt es ganz verschiedene Ohrenformen, also nicht nur Trompetenohren, sondern auch Geigenohren, Flötenohren, aber auch Blumenohren ... Sie sehen also ganz unterschiedlich aus – aber das ist ja bei den Menschen nicht anders, die sehen ja auch nicht alle gleich aus.

Klingklang-Monster hören einfach alles, aber dafür sehen sie nicht so gut. Schubidu hat zwei winzige Äuglein, so wie ein Maulwurf. Meistens trägt Schubidu außerdem eine coole Sonnenbrille, denn in der Dunkelheit fühlt er sich richtig wohl.

Stellt euch mal vor, eines Nachts ging Schubidu ganz allein an einen finsteren Platz. Dahin, wo es sogar dem unheimlichen Nachtgespenst unheimlich ist. Und pötzlich waren lauter gruselige Geräusche um ihn herum. So etwas hatte Schubidu vorher noch nie gehört. Aber nun wurde ihm doch ganz komisch. Was war denn das für ein ekeliges Kratzgeräusch? Und huuu – auf einmal ertönten seltsame Geisterstimmen. Es flüsterte und wisperte und schepperte und kicherte. Das klang aber sehr unheimlich. Was konnte das denn nur sein? Schubidu hatte ja eigentlich niemals Angst. Vor nichts und niemandem. Er konnte sogar selber ganz super gruselige Geräusche machen. Das machte er total gerne. Und eine tolle Klangbahn hatte er gebaut, um die anderen

Monster zu erschrecken. Monster lieben es ja, erschrecken zu spielen und sich zu gruseln. Tja, und nun? Waren da etwa andere Monster im Spiel? „Na klar", riefen die Monsterkinder und kamen lachend aus ihrem Versteck. „Haha, Schubidu", freuten sie sich. „Beinah wärst du drauf reingefallen und hättest dich vor deiner eigenen Klangbahn gefürchtet." „Tzzz, Tzzz", grinste Schubidu verlegen. „Na so was aber auch."

Wie man so eine Klangbahn baut, das zeigt Schubidu euch nachher. Dann könnt ihr euch auch ein kleines bisschen gruseln. Das macht richtig Spaß. Die Monsterkinder kommen ja nicht umsonst jeden Tag angerannt, um sich mit Schubidu zu vergnügen. Aber Kinder wollen ja sowieso immer nur spielen. Und jedes von ihnen hat seine Lieblingsspiele.

Der kleine Schalala weiß zum Beispiel genau, dass Schubidu jede Menge tolle Klangspiele kennt. Schubidu hat nämlich so gute Ohren, dass er sofort weiß, was es ist, wenn er ein Geräusch hört. Und schwupp, schon macht er ein Spiel draus: „Stampf, stampf stampf. Wer kommt denn da? Das ist natürlich der Große Troll. Schmatz, schmatz schmatz. Na, das muss eins von den kleinen Fressmonstern sein. Und wenn Kettengeklapper ertönt, hat wohl wieder mal einer das Nachtgespenst zu früh rausgelassen, und huuuuuuu: so macht sich der kleine Vampir bereit und husch, wusch, fliegt er durch die Nacht." Mit diesem Spiel kann sich Schalala stundenlang vergnügen. Und wenn er doch mal genug davon hat, macht das auch nichts. Schubidu hat ja noch viele andere tolle Spiele auf Lager. Die gefallen allen Monsterkindern gut, und euch bestimmt auch. Könnt ihr ja nachher gleich ausprobieren.

Wenn die Monsterkinder irgendwann mal ausgespielt haben, ist der Spaß aber noch immer nicht zu Ende. Dann geht's erst richtig los. Mit Schütteltanz und Monstertwist. Schubidu tanzt ja für sein Leben gern. Da ist er aber nicht der Einzige, da sind alle Monster ganz wild drauf. Schalala natürlich auch. Und wenn die Musik durch das ganze Monsterland hallt, dann rufen die Monster begeistert: „Ach wie schön, Schubidu tanzt mal wieder." Und zackedizack, sind alle Monster da und tanzen mit. Das findet Schubidu ganz toll. Bei ihm dürfen immer alle mitmachen. Ihr natürlich auch. Da wackelt sogar die Erde im Monsterland vor Lachen, so lustig geht es dabei zu.

Monster-Klangbahn

Schubidus Klangbahn ist eine einfache Installation. Hier können die Kinder ausprobieren, wie sich „echte" Gruselgeräusche erzeugen lassen.

Wenn mehrere Kinder gleichzeitig an der Klangbahn tätig sind, bringt das nicht viel, außer Lärm. Lieber die einzelnen Angebote nacheinander nutzen. Die Zuschauer können ja kommentieren und Ratschläge geben, wie man ein Geräusch noch gruseliger hinbekommt.

Die einzelnen Stationen lassen sich ohne großen Aufwand hintereinander oder im Kreis herum in einem Raum aufbauen. Die Aktion ist für Kinder ab 5 Jahren geeignet.

Geisterwindspiel

Material: akustische Windspiele (Klangrohre, Muscheln etc.), Ventilator

Verschiedene Windspiele vor einem Ventilator aufhängen. Ventilator anschalten, lauschen. Huch, das klingt ja echt gruselig.

Sumpfmonsterblubber

Material: Becher oder durchsichtige Gefäße in unterschiedlichen Größen, verschiedene Flüssigkeiten (Wasser, Saft, Trinkjoghurt, Vanillesauce ...), Strohhalme in verschiedenen Ausführungen, Küchenpapier, Mülltüte für benutzte Strohhalme

Die Becher mit den unterschiedlichen Flüssigkeiten füllen, und dann beginnt der Blubberspaß: Welcher Strohhalm erzeugt in welcher Flüssigkeit das schönste Geräusch? Und wer kann blubbern wie ein Sumpfmonster?

Ungeheuerlicher Gesang

Material: Tisch, 6 Weingläser, Wasser.

Die Gläser verschieden hoch befüllen. Die Kinder feuchten den Zeigefinger an und reiben oben um die Glaskante herum.

Horrortöne mit Gänsehauteffekt

Material: kleine Tafel, Kreide, Papier

Kreide auf der Tafel quietschen lassen. Mit dem Fingernagel über Papier fahren.

Monsterstimmen

Material: 1 Blecheimer

In den Eimer sprechen, singen, heulen, huhuuuu machen.

Gruselmusik

Material: eine ausrangierte verstimmte Geige, Geigenbogen

Geige anspielen. Das klingt so schrecklich, dass sogar den Monstern die Haare zu Berge stehen.

Scheppermonster

Lustig schepperig. Sollte von Erwachsenen oder älteren Kindern gebastelt werden.

Material: leere Konservendose, silberfarbene Cremedose, Draht, 8 Flaschendeckel aus Metall, Hammer, Nagel, Rundholz, wasserfeste Filzstifte, Metallkettchen, Klebeband

Vorbereitung: Mit dem Hammer und dem Nagel Löcher in die Dose schlagen; zwei in den Boden, zwei an der Seite. Löcher in die Flaschendeckel schlagen. Kette durch den Dosenboden ziehen und an den Enden je einen Flaschendeckel befestigen. An den Seiten Schnur durch die Löcher ziehen und je 3 Flaschendeckel befestigen. Die Dose mit einem Nagel am Dosenboden befestigen. Ein Monstergesicht draufmalen. Rundholz mit Klebeband in der Dose festmachen.

Klingklang-Spiele

Bei den folgenden Klingklang-Spielen geht es um die Förderung der auditiven Wahrnehmung. Schön ist, wenn die Spielleitung dabei in die Rolle des Monsters Schubidu schlüpft, und die Kinder spielen Monsterkinder. Das erhöht den Spaßfaktor.

Schritte und Stimmen raten

Das ist Schalalas Lieblingsspiel. Dabei muss man differenziert hören, erkennen und zuordnen.

Alter: ab 5 Jahren
Material: Tücher zum Verbinden der Augen

Die Kinder setzen sich in einen Spielkreis und spitzen die Ohren. Sie versuchen, mit verbundenen Augen Freunde oder Familienmitglieder am Schritt zu erkennen. Wenn das nicht klappt, erkennen sie ihre Freunde sicher an der Stimme.
Variante: Die Stimmen verschiedener Kinder und der Spielleitung aufnehmen und vorspielen. Die Gruppe soll erraten, um welche Personen es sich handelt.

Was rasselt denn da?

Bei diesem Spiel geht es ums differenzierte Hören, und das „Hörgedächtnis" wird gefördert.

Alter: ab 5 Jahren
Material: kleine verschließbare, undurchsichtige Behälter; unterschiedlich klingendes Füllmaterial, z. B: Reis, Mais, Steinchen, Murmeln, Nudeln, Trockenerbsen, Salz, Mehl, Sand, Wasser, Kaffeebohnen, Zucker

Vorbereitung: Die Becher befüllen.

Ein Spieler beginnt. Die Spielleitung reicht einen Becher. Der wird geschüttelt. Wenn der Inhalt korrekt erkannt wurde, geht es weiter mit dem nächsten Becher.
Variante: Material wie oben, nur werden je zwei Becher mit dem gleichen Material gefüllt. Am besten am Boden eine farbige Markierung anbringen. Becher mischen und beliebig aufstellen. Welche Becher gehören zusammen?

Rate-Rate – diesen Ton

Dieses schöne Ton-Ratespiel spielt Schubidu am allerliebsten mit den Monsterkindern.

Alter: ab 5 Jahren
Material: verschiedenste Geräusche, entweder selbst in der Klangbahn produzierte (siehe S. 39 f.) oder von einer CD (Wolfsgeheul, Sirene, quietschende Bremsen, Donner, Sturm, Gespensterlachen, Kettengerassel, Löwengebrüll, singender Wal, galoppierendes Pferd)

Die Spielleitung sagt das Sprüchlein und spielt den Ton vor – die Kinder raten.

Spielleitung:
Monster, ich verrat euch was,
Töne raten, das macht Spaß.
Monster, hört mal alle her,
Töne raten ist nicht schwer!
Rate-Rate diesen Ton –
Ton erklingt (Wolfsgeheul)

Spielleitung:
Was ist denn das?
Na? Wisst ihr's schon?
Kinder antworten

Spielleitung:
Ein Wolf, der heult, na klar, na klar.
Die Monster raten wunderbar!

Monster-Klang-Kette

Für diese Spiel werden nicht nur monstergroße Ohren benötigt, sondern auch ein gutes Gedächtnis.

Alter: ab 5 Jahren

Die Kinder bilden einen Spielkreis. Ein Monsterkind macht ein Geräusch: in die Hände klatschen, mit den Füßen stampfen, Finger schnipsen, Zunge schnalzen etc. Der nächste Spieler wiederholt das Geräusch und fügt ein neues hinzu. Die klingende Kette wird immer länger. Wer ein Geräusch vergisst, scheidet aus. Sieger ist, wer bis zum Schluss übrig bleibt.

Monsterpatsch

Ja, wo patscht das Monster denn hin?

Alter: ab 5 Jahren
Material: Augenbinden

Die Kinder bilden einen Spielkreis. Zwei gehen in die Kreismitte. Ein Monsterlein bekommt die Augen verbunden. Das andere Monsterchen patscht auf eine Stelle seines Körpers, z. B. auf den linken Oberschenkel. Das Kind mit den verbundenen Augen muss nun auf seinem eigenen linken Oberschenkel nachpatschen. Dann patscht das Monster z. B. auf seinen Arm, oder es klatscht rhythmisch in die Hände. Bei einem Fehler darf ein anderes Kind in die Kreismitte gehen.

Monstersound

Eine ganz spezielle Form der Monstersuche.

Alter: ab 5 Jahren

Vorbereitung: Jedes Kind sucht sich einen Gegenstand, mit dem sich – auch ganz leise! – Geräusche erzeugen lassen: das kann eine Zahn- oder andere Bürste sein, über die mit Fingern gestrichen wird, oder eine Knistertüte, oder eine kleine Dose mit Trockenerbsen, oder …

Dieser Gegenstand wird am Körper versteckt. Ein Kind wird ausgezählt und darf als erstes Monster in einem abgedunkelten Raum „sein" Geräusch erklingen lassen. Die anderen Kinder suchen dann das herumwandernde Monster anhand der Töne, die es produziert, und müssen auch das Versteck des Geräusch erzeugenden Gegenstandes entdecken Das Monster führt vor, wie das Geräusch erzeugt wird, und dann beginnt eine neue Runde mit einem anderen Monster und seinem ganz speziellen Ton.

Monstergeschichte mit jeder Menge Krümel

So ein wenig Gänsehaut, und ein kleiner Schauer, der einem dabei über den Rücken läuft: einfach fantastisch. Am meisten Spaß macht es, wenn man sich gemeinsam gruselt!

Alter: Lesealter
Material: kleine Kekse, eines weniger als Spieler

Alle Kinder setzen sich im Kreis hin. In der Kreismitte liegen die Kekse.
Die Spielleitung erzählt eine selbst erfundene Gruselgeschichte von den unglaublich verfressenen Monstern, die immer schreckliche Angst haben, zu verhungern, und baut irgendwann das Wort „Krümel" in die Geschichte ein. Sobald dieses Wort ausgesprochen wird, grapschen alle Kinder nach einem Keks. Wer keins ergattert hat, darf die Geschichte weiter erzählen und selber das Wort irgendwann einbauen.

Monsterwörter

Ein tolles Spiel, das zum Sprechen anregt und Lesekindern sehr viel Spaß macht. Lässt sich mit ganz wenig Aufwand durchführen und sorgt für Heiterkeit, da im Eifer des „Gefechtes" skurrile Wortneuschöpfungen entstehen können.

Material: Tennisball oder anderer kleiner Ball, 1 weißes Tuch, Stoffmalstifte, Schnur, 1 Kochtopf, 1 Kochlöffel aus Holz

Vorbereitung: ein Flattermonster basteln, dazu Stoff über den Ball legen und mit Schnur zusammenbinden. Der Ball ist der Monsterkopf (mit Stiften ein Gesicht aufmalen).

Die Monsterkinder bilden einen Sitzkreis. Die Spielleitung spielt das Klingklang-Monster Schubidu.
Schubidu wirft einem Monsterkind das Flattermonster zu und ruft dazu ein Gruselwort, das aus zwei Wortteilen besteht, wie zum Beispiel: Geisterspuk. Nun muss das Monsterkind so schnell wie möglich einen Begriff finden, bei dem der zweite Wortteil am Anfang steht, also z. B. Spuk – Gespenst.
Das Flattermonster wird dabei einem anderen Monsterkind zugeworfen.
Wenn einem Monsterkind kein Begriff einfällt, schlägt Schubidu dreimal mit dem Kochlöffel auf den Topf. Ist der dritte Schlag verklungen, ohne dass ein Wort fällt, muss das Monsterkind aufstehen, durch den Raum monstern und gruselige Geräusche machen.

Fressmonster sucht Futter

Hier muss die ganze Aufmerksamkeit auf das Hören gerichtet werden,
um auch das leiseste Geräusch wahrnehmen zu können.

Alter: ab 5 Jahren
Material: 1 Banane

Die Kinder bilden einen Sitzkreis. Ein Spieler legt sich als schlafendes Klingklang-Monster Schubidu in die Kreismitte und schließt die Augen. Die Spielleitung legt eine Banane auf den Rücken des Monsters. Nun schleicht sich eins der Kreiskinder als Fressmonster an und schnappt sich die Banane. Alle anderen Kinder sind ganz leise. Sobald sich das Fressmonster wieder an seinen Platz gesetzt hat, rufen alle: „Huhu! Schubidu! Such deine Banane!" Schubidu macht die Augen auf und zeigt dann auf das Kind, bei dem es die Banane vermutet. Nach drei ergebnislosen Versuchen gibt sich das Fressmonster zu erkennen und geht als nächstes Klingklang-Monster in die Kreismitte.

Schubidu fängt Monsterkinder

Welch ein Spaß! Schubidu versucht, Monsterkinder einzufangen. Das Klingklang-Monster sieht zwar sehr schlecht, aber Achtung, dafür hört es sehr gut. Dieses Spiel ist lustig, spannend und ziemlich laut.

Alter: ab 5 Jahren
Material: große Monsterhandschuhe, Augenbinde

Vorbereitung: Einen großen Spielkreis markieren.

Das erste Monster wird durch Abzählen ausgesucht und verkleidet sich.
Die anderen Kinder gehen in den Spielkreis – und dürfen diesen Spielkreis nicht verlassen. Das „blinde" Monster wandert herum und versucht, die Kinder im Kreis mit den Händen zu berühren. Ha, denkt nun jeder, das gelingt dem Monster ja nie! Tja, wenn dieses Monster aber laut jault und heult, müssen die Kreiskinder das auch tun und dabei ihre Arme ausstrecken. Und dann ....? Gelingt es dem Monster, ein Kind zu berühren, wird dieses zum nächsten Monster.

Schubidus Lieblingstänze

Die folgenden Tänze sind recht einfach und witzig. Sie eignen sich für Kinder jeden Alters und auch für Monsterfeste aller Art.

Da die Melodien wohl auch vielen bekannt sind, können die Kinder gleich mitsingen.

Wer nicht weiß, woher das folgende Bewegungslied stammt, könnte glatt meinen, dass hier in einer der vielen Monster-sprachen gesungen wird.

A ram sam sam

Text und Melodie aus Botswana

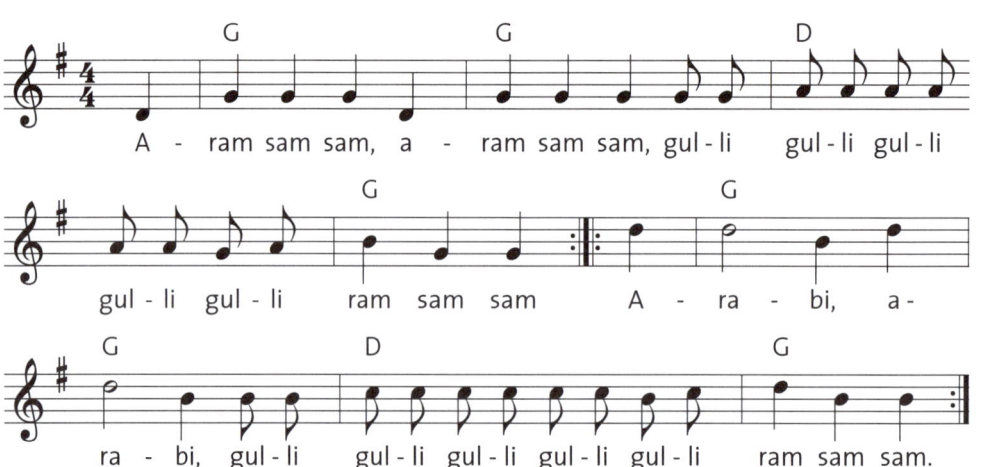

Bewegungsanleitung:

Ram sam sam	*Je dreimal in die Hände klatschen.*
Guli, guli, guli, guli	*Je sechsmal mit den Fäusten (re und li wechselnd) auf den Oberkörper klopfen.*
Arabi, arabi	*Einmal nach links, einmal nach rechts verbeugen.*

Für die Mini-Monster habe ich das wohlbekannte Brüderchen in ein Monsterchen verwandelt.

Monsterchen, komm tanz mit mir

Text: trad., Bearbeitung Susanne Steffe; Musik: Engelbert Humperdinck

Mons-ter-chen, komm tanz mit mir, bei-de Hän-de reich' ich dir.

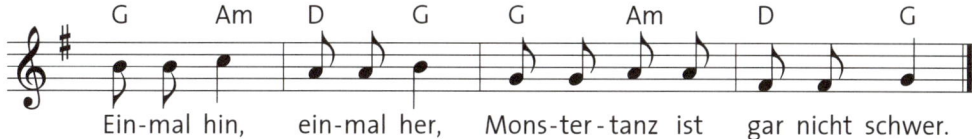

Ein-mal hin, ein-mal her, Mons-ter-tanz ist gar nicht schwer.

2. Mit den Händchen klapp, klapp, klapp,
mit den Füßchen tripp, tripp, trapp.
Einmal hin, einmal her,
Monstertanz ist gar nicht schwer.

3. Mit dem Köpfchen nick, nick, nick,
mit dem Fingerchen, tick, tick, tick.
Einmal hin, einmal her,
Monstertanz ist gar nicht schwer.

4. Noch einmal das schöne Spiel,
weil es uns so gut gefiel:
Einmal hin, einmal her,
Monstertanz ist gar nicht schwer.

Bewegungsanleitung: Die Monsterchen stellen sich gegenüber auf und machen nach, was der Text vorgibt. In der ersten und letzten Strophe verbeugen sich die Monsterchen. Dann geben sie sich die Hände. Bei „einmal hin, einmal her" machen sie in allen Strophen drei Schritte nach links, drei nach rechts und drehen sich dann mit eingehakten Armen rundherum.

Ich habe den Text des beliebten Liedes so abgeändert, dass nun die ganze Monsterfamilie mit einbezogen wird.

Oma Monster fährt im Hühnerstall Motorrad

Text: Susanne Steffe, Melodie: volkstümlich

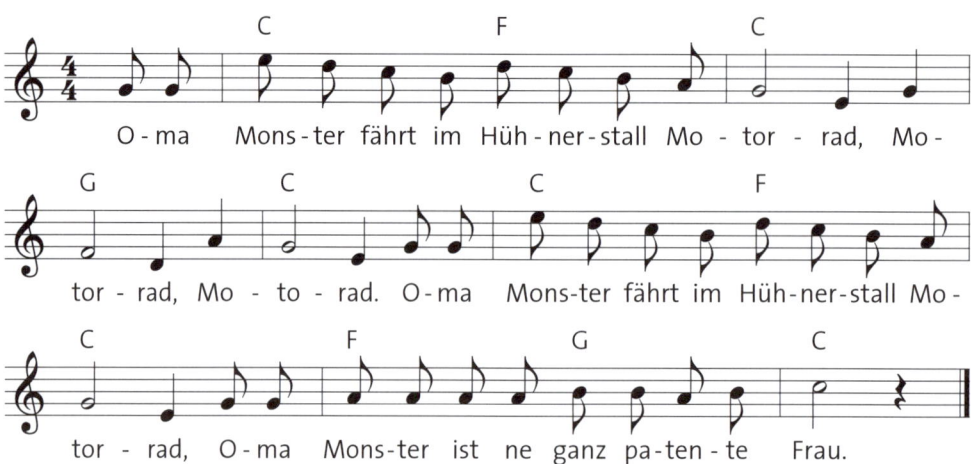

O - ma   Mons - ter fährt im Hüh - ner - stall Mo - tor - rad,   Mo -
tor - rad, Mo - to - rad.   O - ma   Mons - ter fährt im Hüh - ner - stall Mo -
tor - rad,   O - ma   Mons - ter   ist   ne   ganz pa - ten - te   Frau.

2. Opa Monster lernt im Suppenteller schwimmen,

ja schwimmen, ja schwimmen,

Opa Monster lernt im Suppenteller schwimmen,

Opa Monster ist ein supercooler Kerl.

3. Papa Monster isst die Suppe mit der Gabel ... ist ein ganz patenter Mann.

4. Mama Monster bügelt Wäsche mit den Füßen ... ist 'ne ganz patente Frau.

5. Susi Monster kocht am liebsten Reis mit Popel ... ist ein ganz patentes Kind.

6. Rudi Monster streicht die Wand mit Margarine ... ist ein supercooler Kerl.

7. Kleines Monster ... ist ein ganz patentes Kind.

Die Kinder tanzen, wie sie wollen, und können die Strophen zusätzlich pantomimisch begleiten. Und dann mehr monsterkomische Strophen erfinden.

Monster-Schütteltanz

Material: beliebige flotte Tanzmusik

Hier tanzen die Monsterchen einfach mal ganz wild herum und schütteln ihre Gliedmaßen. Das macht total Spaß, lockert auf und sieht sehr lustig aus.

Monstertwist

Einfach herrlich komisch anzusehen. Da der Tanz nicht schwer ist, eignet er sich auch gut für unser Fest (siehe S. 74 f.) und jede andere Monsterparty. Monster lieben nun mal das Außergewöhnliche, und hierbei handelt es sich wirklich nicht um einen „Allerweltstanz".

Vorbereitung: Ein wenig üben schadet nicht, und zwar am besten nach der sehr berühmten Tanzanleitung, die genau beschreibt, wie der Twist auszusehen hat: So, als würde man pantomimisch mit den Fußballen abwechselnd Zigarettenkippen ausdrücken und sich dabei gleichzeitig mit einem Handtuch den Rücken abrubbeln ... und dann drehen! Im Internet gibt es zahlreiche Videos, die zeigen wie es geht. So ganz ernst müssen die Kinder die Anleitung aber gar nicht nehmen. Eher als Inspiration für einen komischen Gummiknie-Wackeltanz, und los geht's.

Material: Monsterfüße (Anleitung siehe S. 80), flotte Twistmusik, große Pappfliese, Doppelklebeband

Einfach so tanzen. Oder als Wettbewerb: Jedes Monster bekommt einen eigenen „Tanzboden" aus einer großen Pappfliese, die, falls notwendig, mit Doppelklebeband auf dem Boden fixiert wird.
Die Spielleitung startet die Musik: Jedes Monster darf dann mit seinen Monsterfüßen nur auf seinem Monstertanzboden twisten und nicht auf den Boden treten. Wer neben die Fliese twistet, scheidet aus.

ZUM HUNGRIGEN MONSTER

In der Fressmonster-Familie Schmatz gibt es nur eine Sache, die wirklich wichtig ist. Und nun dürft ihr raten, was das wohl ist. Na klar. Bei Schmatzens dreht sich das ganze Leben ums Essen.

Papa Schmatz ist den lieben langen Tag unterwegs, um Essbares zu besorgen, die Zutaten für die vielen Mahlzeiten: Saft, Süßigkeiten, Knabberzeug, Fleisch, Wurst, Obst, Gemüse, Nudeln, Kartoffeln. Unentwegt schleppt Papa Schmatz Fressalien in sein Monsterhaus. Da wartet ungeduldig Mama Schmatz mit den fünf kleinen Schmatzmonstern: Schlingel Schmatz, Spucki Schmatz, Leckerli Schmatz, Schlabber Schmatz und Schmieri Schmatz. Alle lecken sich schon erwartungsvoll die Lippen.

Kaum betritt Papa Schmatz das Monsterhaus, kommt die Familie angerannt und reißt ihm das Futter aus der Hand. Dann macht Papa Schmatz sich wieder auf den Weg.

Mama Schmatz fängt gleich an zu kochen und zu backen. Wenig später zieht ein köstlicher Duft durchs Haus. Der leckere Geruch kriecht zum Fenster hinaus und die Straße entlang zu den anderen Monsterhäusern. „Hmmm, riecht das gut", seufzen die Nachbarmonster. „Da läuft uns ja die Spucke im Monstermaul zusammen." Und neugierig machen sich die Monster auf den Weg, um zu sehen, was Mama Schmatz da Gutes kocht: die Mal-Monster, die Klingklang-Monster, die Kuschelmonster, alle anderen Fressmonster und die gierigen Kochlöffelmonster. Sie marschieren schnurstracks zu Mama Schmatz in die Küche. Da probieren und schlürfen und knabbern und naschen sie mal hier, mal dort – und schwupp – ist das ganze Essen weg. Tja, und was ist nun mit den fünf kleinen hungrigen Fressmonsterkindern? Na, die gucken dumm aus der Wäsche. Nichts haben sie abgekriegt von dem ganzen guten Essen. Nichts, nichts und wieder nichts – und sie haben Hunger ohne Ende.

Und als Papa Schmatz hungrig nach Hause kommt, was muss er da sehen: Es gibt keinen Krümel mehr im ganzen Monsterhaus, seine Kinder wälzen sich heulend auf dem Boden herum und nagen an den Tischbeinen.

Und was macht Papa Schmatz? Der lacht nur und schreit: „He, lasst die Tischbeine in Ruhe. Die werden nicht gefressen! Eure Mama kocht eben so gut, dass alle immer bei

ihr essen wollen. Da können wir ja hier im Haus gleich ein Restaurant aufmachen! Na, was haltet ihr davon?"

Oh ja, da ist die ganze Familie Feuer und Flamme. Nur Leckerli Schmatz hat was zu meckern: „Aber dann fressen die uns doch auch bloß wieder alles weg!" Hm, da hat er ja eigentlich Recht. Was tun?

„Ich hab eine Idee", sagt da Mama Schmatz, „ein ganz toller Plan, mit dem wir das verhindern können."

„Was denn für ein Plan?", fragen die Monsterkinder neugierig.

„Einen super Plan", lacht Mama Schmatz. „Passt auf: Jeder, der in unser Restaurant hinein will, um die leckeren Köstlichkeiten zu naschen, muss vorher drei Aufgaben erfüllen."

„Was denn für Aufgaben?", wollen die Kinder wissen. „Hm", grummelt Mama Schmatz, „da wird mir schon noch was ganz Besonderes einfallen ... Lasst uns jetzt lieber mal überlegen, wie das Restaurant heißen soll!" „Na, was gibt's da zu überlegen? ‚Zum hungrigen Monster' natürlich", schreit Schmieri Schmatz. Ja, das ist wirklich ein toller Name – finden seine Geschwister und auch die Eltern.

Gesagt, getan. Wenig später wirbelt Mama Schmatz schon um die Töpfe. Die Kinder haben eine monstermäßig merkwürdige Speisekarte gemalt und decken die Tische. Papa Schmatz will in der Nachbarschaft für das neue Restaurant werben – aber nötig ist das eigentlich gar nicht. Denn sobald das Essen vom Mama Schmatz anfängt zu köcheln, verbreitet sich der köstliche Geruch, und schwuppdiewupp kommen alle Monster angerannt.

Mama Schmatz empfängt die Gäste und führt sie stolz vor die Tür des Monster-Restaurants. Aber die ist verschlossen. Besonders die verfressenen Kochlöffelmonster sind ganz enttäuscht, denn sie haben einen riesigen Hunger. „Ja, da habt ihr euch verrechnet, so einfach reinstürmen und stiebitzen – das hat nun ein Ende", sagt Mama Schmatz. „Mein Sohn Spucki wird euch erklären, was ihr tun müsst, damit sich die Tür öffnet und ihr mein Essen schlabbern dürft", sprachs und verschwand einfach wieder in der Küche.

Und als Spucki den Monstern die drei Aufgaben erklärte, da haben die erst ganz schön geschimpft und gemosert. Was? Würfeln, Schnecken fressen? Saftladen besuchen, Schmatztest bestehen? Was für ein Blödsinn! Aber dann hat die ganze Aktion den Monstern so richtig Spaß gemacht, und selbst die gierigsten aller Monster waren ganz begeistert.

Und als sie dann endlich ins Restaurant durften, da haben sie mit Freude gegessen und mit Genuss. Geschmatzt haben sie, was das Zeug hält, aber nicht mehr geschlungen. Und siehe da: Von da an blieb für die glücklichen Fressmonsterkinder immer genug übrig.

Das Monster-Restaurant

Monsterige Restaurantnamen

In der Geschichte heißt das Restaurant „Zum hungrigen Monster". Aber vielleicht finden die Kinder für ihr eigenes Monsterrestaurant einen hübsch ekligen Namen, der alle Monster anzieht und ihnen das Wasser im Maul zusammenlaufen lässt?

Alter: ab 4 Jahren
Material: Papier, Stift

Die Kinder lassen die Fantasie spielen und überlegen sich einen richtig monstermäßigen Namen. Wie wäre es zum Beispiel mit: „Zum schleimigen Monsterpopel"? oder: „Zum vergammelten Monsterfisch"? Sie werden sich wundern, auf welche Ideen die Kinder kommen!
Die Spielleitung notiert alle Namen, und dann suchen die Kinder für ihr Restaurant den aus, den die Mehrheit am besten findet.

Monster-Menü

Was sind es denn wohl für verlockende Sachen, die Mama Schmatz kocht? Darüber verrät die Geschichte nichts. Aber es macht den Kindern enorm viel Spaß, sich ein Monster-Menü auszudenken, und sie entwickeln eine unglaubliche Fantasie im Erfinden von seltsamen Speisen. Das kann ein Spiel mit Wörtern bleiben. Die im Folgenden beispielhaft vorgeschlagenen Gerichte kann man allerdings „wirklich" nachkochen.

Monsterella Vorspeise
Sechs leckere Monsteraugen,
dazu reichen wir knuspriges Monsterbrot (siehe S. 56)

Hauptspeise à la Veggie-Monster
Gemüsemonster im Frischkäsebeet (siehe S. 55)

Sweetie-Monster Dessert
Zart schmelzende Banana-Monster-Pops (siehe S. 58)

Tja Kinder, seid ihr nun auch neugierig auf Monsteressen? Und auf das Restaurant? Na, dann spielt doch einfach selber „Monster-Restaurant." Deckt einen schönen Monstertisch, bastelt Kochlöffelmonster und probiert Mama Schmatz' superobermonsterschmatziges Monsteressen aus. Und wenn ihr mal ein Monsterfest feiert, dann wisst ihr auch gleich, was ihr euren Gästen Tolles anbieten könnt.

Also Küchenschürze an, und los geht's. Alle werden begeistert sein.

Monsterige Speisekarte

Wie müsste eine Speisekarte wohl aussehen, damit die Monster gerne ins Restaurant kommen?

Alter: Lesekinder
Material: Zeichenkarton, Stifte, Schere

Die Karte könnte zum Beispiel die Form eines Monsters haben – ein markant geformtes wie Schubidu bietet sich da an …
Oder die Kinder machen einen Fußabdruck und verwenden ihn als Schablone für eine Monsterfuß-Speisekarte. Auf die Vorderseite kommt der Name des Restaurants. Und auf der Rückseite ist aufgeführt, was es zu essen gibt. Das Menü, sozusagen. Das muss natürlich nicht aufgeschrieben werden, Monster orientieren sich auch gern an Bildern – gemalt oder vielleicht sogar an Fotos von Speisen, die die Kinder selbst ausprobiert haben? (Rezepte siehe S. 55 f.).

Monsterhand–Tischdekoration

Uhh, Monsterhände auf dem Tisch …

Material: transparente Latexhandschuhe, Fruit Loops (oder andere fruchtig bunte Cerealien-Ringe), Gummiband

Die Latexhandschuhe mit Fruit Loops füllen, und zwar kommt in jeden Finger eine andere Farbe. Dann mit dem Gummiband zuschnüren.

Schlabberschlürf-Monsterspeisen

Natürlich ist es lustig, sich fantasievolle Namen für Monsterspeisen auszuden-ken, noch viel lustiger ist es, Monsteressen selbst herzustellen und zu genie-ßen. Wobei hier der Name manch altbekannte Speise monstermäßig ver-edelt ...

Gemüse-Monster

Die sehen zum Fressen aus und sind ja so gesund!

Alter: Lesealter
Zutaten: große Karotten, roter und gelber Paprika, Salatgurke, Frischkäse
Material: Messer, Brettchen, Zahnstocher, Küchenpapier, Schüsselchen, Schnittlauchröllchen

Die Karotte gerade abschneiden, so dass sie stehen kann. Mit einem kleinen Messer eine Monsterfratze in die Karotte schneiden: Augen, Mund usw. Die ausgeschnitzten Stellen mit Frischkäse füllen, indem man ihn in die Rillen streicht. Was übersteht, mit Küchenpapier wegwischen.
Gurke funktioniert genauso.
Für das Paprika-Monster den „Deckel" abschneiden und das Gehäuse entfernen. Ein Gesicht in die Paprikahaut schnitzen und die ausgeschnittenen Stellen mit Frischkäse füllen.
Das Paprika-Monster kann auch Hörner und Arme bekommen. Die schneidet man aus Paprikastücken zurecht. Dann an den entsprechenden Stellen Ritzen bzw. Löcher in die Paprika schneiden und die Arme und Hörner hineinstecken.

Tipp: Gemüse-Monster in ein Frischkäsebeet stecken. Schüssel mit Frischkäse füllen, Monster hineinstecken, Schnittlauch drüberstreuen.

Fettes Schlingelschlängel-Schlangensandwich

Sieht toll aus (je länger desto besser) und schmeckt gut. Der Belag lässt sich natürlich auch ganz nach Wunsch abändern, je nach Vorlieben und Geschmack. Da können die Kleinen auch schon gut mithelfen.

Alter: ab 4 Jahren
Zutaten: Baguetteteig zum Fertigbacken aus dem Kühlregal (gibt es z.B. in einer Aufknack-Dose), Salatblätter, Remoulade, eingelegte rote und gelbe Paprika, dünne Schinkenscheiben, Butterkäse, Tomate, 1 rote Paprikaschote für die Zunge, 2 Oliven, Butter
Material: Messer, Brettchen, Kuchengitter, Backblech

Aus dem Teig eine gewundene Schlange biegen. Die zwei Oliven als Augen in den Teig stecken.
Teig nach Anleitung backen. Auf einem Gitter abkühlen lassen.
Die Schlange der Länge nach aufschneiden. Untere Hälfte dünn mit Butter bestreichen.
Brot belegen, z. B: Schinkenscheiben, darauf Butterkäse, darauf Salatblätter, ein wenig Remoulade, eingelegte Paprika, Tomatenscheiben. Obere Hälfte wieder drauflegen.
Zum Schluss aus roter Paprika eine tolle Zunge mit zwei Spitzen schneiden und der Schlange ins Maul stecken. SSSSSsssssssss.

12 Monsteraugen

Ein wahrer Augenschmaus. Für ein Büfett braucht man aber eher 4 mal 12 Augen.

Alter: ab 5 Jahren
Zutaten: 6 hart gekochte Eier, 3 schwarze Oliven ohne Kern, 300 g Frischkäse, etwas flüssige Sahne, Salz, Pfeffer
Material: Schüssel, Messer, Teelöffel, Anrichteplatte

Eier halbieren und Eigelbe herausholen. Eigelb mit Frischkäse, etwas Sahne, Salz und Pfeffer vermischen. Die Masse in die Eierhälften füllen. Eine halbierte Olive als Pupille auf das Monsterauge setzen.

Total süße Monster

Monstermäßig gut!

Alter: ab 5 Jahren
Zutaten: 100 g Zucker, 200 g Magerquark, 8 EL Öl, 6 EL Milch, 1 Ei, 1 Prise Salz, 1 Päckchen Vanillezucker, 400 g Mehl, 1 Päckchen plus 2 gestrichene TL Backpulver
Glasur: Puderzucker, Saft einer Zitrone, Schokolade zum Schmelzen
Material: Pappe, Schere, Messer, Mixer, Schüssel, Kochlöffel, Backpapier, Backblech, Gefriertüte, Pinsel, Wassertopf, kleiner Topf

Vorbereitung: Aus Pappe eine Schablone in Form eines Monsters herstellen: Monster aufmalen und ausschneiden.

Zubereitung: Den Quark in eine Schüssel geben und gut durchrühren. Nach und nach Zucker, Ei, Vanillezucker, Milch, Öl und eine Prise Salz hinzufügen. Alles gut unterrühren. Das Backpulver und etwa zwei Drittel des Mehls unterheben. Die Masse zu einem glatten Teig verrühren. Danach den Teig entweder mit der Hand oder dem Mixer (Knethaken) gut durchkneten. Dabei das letzte Drittel vom Mehl mit hineinarbeiten. Wenn der Teig dann noch klebrig ist, zusätzlich etwas Mehl hinzufügen.
Den Teig mit dem Nudelholz auf einer mit Mehl bestäubten Arbeitsfläche ausrollen. Die Schablone auf den Teig legen und mit dem Messer drumherum schneiden.
Die Figuren auf ein mit Backpapier ausgelegtes Backblech legen. Im vorgeheizten Backofen ca. 15–20 Minuten bei 200°C backen.
Figuren auskühlen lassen. Inzwischen aus Puderzucker und Zitronensaft einen Guss rühren. Pinsel nehmen und die Figuren mit dem Zitronenguss glasieren. Ist die Glasur getrocknet, Schokolade im Wasserbad schmelzen. Schokolade dazu in den kleinen Topf bröckeln und den kleinen Topf dann über einen größeren Topf mit kochendem Wasser stellen.
Von einer Gefriertüte eine Ecke abschneiden, und die flüssige Schokolade hineinfüllen. Vorsicht heiß! Mit dieser tollen Spritztülle Augen und Mund aufmalen und Figuren nach Wunsch verzieren.

Banana-Monster-Pops

Monster können auch mal ganz bananig sein. Außen knackig schokoladig und innen lecker weich und süß. Tolle Mitmachaktion für die Größeren, die sorgsam mit heißen Flüssigkeiten umgehen. Die Kleineren können dann mit verzieren.

Zutaten: 1 große Banane, weiße Kuvertüre, braune Kuvertüre, bunte Schokolinsen, Lebensmittelfarben (rot, gelb, grün) in der Tube

Material: 3 breite Schaschlikstäbe, Backblech, Backpapier, Messer, Töpfe, Kochlöffel, Löffel, eventuell kleine Tüte mit einer abgeschnittenen Ecke als Spritztülle

Ein Backblech mit Backpapier belegen und zur Seite stellen.

Die Banane mit dem Messer in drei Teile teilen. In jedes Teil ein Holzstäbchen stecken.

Die Schokolade im Wasserbad schmelzen. Dabei umrühren. Wenn die Schokolade flüssig ist, die Bananenstücke nacheinander eintauchen und mit einem Löffel von allen Seiten mit Schokolade überziehen.

Die Stücke auf Backpapier ein wenig abkühlen lassen und dann Schokolinsen als Augen ankleben. Dazu muss die Schokolade noch weich sein, aber nicht mehr flüssig.

Danach kann man die Bananenmonster für 10 Minuten in den Tiefkühler oder in den Kühlschrank geben.

Zum Schluss mit Lebensmittelfarbe das Monstergesicht aufmalen und Pupillen auf die Schokolinsen-Augen tupfen.

Monsterspucke

Monsterspucke ist meistens grün, aber bei besonderen Anlässen auch mal rot. Diese „magischen Durstlöscher" schmecken kalt am besten.

Alter: ab 4 Jahren

Zutaten: Mandelmilch, roter und grüner Fruchtsirup

Material: durchsichtige Becher, rote und grüne Strohhalme

Sirup mit Milch vermischen. In die Becher füllen, Strohhalm dazu.

O-O-Obstsalat-Monster

Dieses leckere Monster sieht nicht nur spektakulär aus, es schmeckt auch sehr gut. Da werden sogar die Obstmuffel schwach.

Alter: ab 5 Jahren (mit Hilfe von Erwachsenen beim Schneiden der Melone)
Zutaten: 1 große Wassermelone, 1 Banane, 2 Trockenpflaumen, 1 Zitrone, 1 runde Pflaume, Weintrauben, Äpfel, Orangen und alles andere saisonal erhältliche Obst
Zum Süßen: Honig oder Agaven-Dicksaft oder Rohrohrzucker oder Stevia oder Zucker
Material: großes und kleines scharfes Messer, Holzbrettchen, Zahnstocher, Schüssel, Kochlöffel, große Platte

Zuerst ausprobieren, ob die Wassermelone stehen bleibt. Falls sie herumrollt, muss an einer Seite mit dem Messer eine gerade Standfläche in die Schale geschnitten werden. Dann etwas über der Mitte der Melone einen geraden Schnitt ansetzen, aber die Melone nicht durchschneiden, sondern zwei Dreiecke als Monsterzähne stehen lassen, und dann ab der Melonenmitte Richtung Standfläche an der Schale entlang abwärts und dann rundherum schneiden, bis man wieder oben ankommt.

Die Melone mit einem großen Löffel aushöhlen und das Fruchtfleisch in Stücke schneiden.

Das restliche Obst ebenfalls in Stücke schneiden und mit Honig oder Zucker und etwas Zitronensaft in einer Schüssel eine Weile ziehen lassen.

Die Banane halbieren und in jede Schnittfläche einen Zahnstocher stecken. Die andere Seite des Zahnstochers wird oben an den Monsterkopf gesteckt, und schon hat unser Monster echte (Bananen-)Hörner.

Für die Augen zwei Zitronenscheiben schneiden und auf jede mit einem Zahnstocher eine Backpflaume stecken. Dann die „Augen" am Kopf feststecken.

Eine Nase lässt sich aus einer Mandarine oder aus einer runden Pflaume fabrizieren.

Zum Schluss kommt die Monster-Melone auf eine große Platte. Dann den Obstsalat mit den Melonenstücken mischen und so in und um die Melone verteilen, dass es aussieht, als würde der Obstsalat dem Monster quasi aus dem Maul herausquellen.

Kleines Kochlöffelmonster-Spieletheater

Mit unseren Kochlöffelmonstern wird jetzt richtig losgelegt. Die Kinder spielen mit ihnen einen Besuch im Restaurant. Und da passiert natürlich so allerlei, nun ja, nennen wir es mal „Ungewöhnliches". Außerdem sind zwei lustige Spiele zur Förderung der gustatorischen (Geschmacks-)Wahrnehmung mit eingebunden. Guten Appetit. Aber zuerst basteln die Kinder ihre Kochlöffelmonster.

Die lustige Kochlöffelmonster-Truppe

Mit diesen Kochlöffelmonstern kann man wunderbar Theater spielen. Sie lassen sich bestens in Rollenspiele integrieren und sind auch ansonsten rührige Spielkameraden.

Alter: ab 4 Jahren
Material: hölzerne Kochlöffel, Plakatfarben, Pinsel, Klebstoff, Wackelaugen, Pfeifenreiniger, Stoffreste

Den Kochlöffel anmalen und trocknen lassen.
Der Löffel dient als Kopf und kann nun nach Lust und Laune gestaltet werden. Pfeifenputzer geben zum Beispiel tolle Monsterfrisuren. Als Augen können die Kinder Wackelaugen aufkleben, oder sie basteln Augen aus Papier. Toll sehen auch Hörner aus, die aus einem Rest Schaumstoff zugeschnitten und dann aufgeklebt werden. Und vielleicht bekommt das Kochmonster eine Papier-Kochmütze? Dazu weißes Tonpapier zu einem Zylinder falten, eine Seite am „Kopf" festkleben und in die offene Mütze Seidenpapier stecken und zur lockeren Haube formen. Und das Kellner-Monster könnte einen Schlips tragen!?

Kochlöffelmonster-Theater

Die Geschichte „Zum hungrigen Monster" kennen die Kinder bereits. Welche Aufgaben Spucki Schmatz den hungrigen Monstern stellte, damit sie das Restaurant betreten durften, so ganz genau wissen das die Kinder noch nicht. Daher liest die Spielleitung vor dem Spiel noch den Text „So ein Saftladen" vor.
Die Kinder sprechen und spielen dann ganz „frei Schnauze" mit und für ihre Monster.

Das „Theater" ist für 4–6 Mitwirkende ab ca. 5 Jahren konzipiert.

Die Spielleitung bereitet die Würfelschnecke und den Saftladen (siehe S. 62 f.) auf zwei verschiedenen Tischen vor und spielt das Kellnermonster.

So ein Saftladen!!!

Die Kochlöffelmonster haben einen riesigen Hunger.
Sie wollen unbedingt ins neue Restaurant, das im Monsterland eröffnet wurde.
Aber bevor sie da hereindürfen, gibt es richtig Monstertheater.
Spucki Schmatz erlaubt ihnen erst den Einlass, wenn sie drei Aufgaben erfüllt haben (Beschreibung siehe S. 62 f.):

– Sie müssen würfeln und die Schnecke fressen,

– dann geht es in einen echten Saftladen und

– zum Schluss müssen sie noch beweisen, dass sie richtig schön schmatzen können.

Nachdem alle Aufgaben zur Zufriedenheit erfüllt worden sind, endet das Stück damit, dass Spucki Schmatz den hungrigen Löffeln gnädig die Tür zum Restaurant öffnet.

Würfelschnecke mit Geschmack

Mit etwas Glück eine Wonne für die Geschmacksnerven – oder mit etwas Pech auch eine echte Bewährungsprobe.

Material: viele verschiedene Geschmacksproben in Häppchen, z.B. saure Gurke, rohe Zwiebel, verschiedene Wurst-, Gemüse- und Obsthappen, auch Stinkekäse, etwas scharfe Paprika, Schokolade, Gummibär, Keks, Kuchen, Salzlakritze, eben auch immer mal was dazwischen, was Kinder eigentlich nicht so mögen; 1 Würfel

Die Häppchen zu einer großen Schnecke legen. Dann wird gewürfelt. Wer zum Beispiel eine 6 würfelt, zählt die Happen bis Nr. 6 ab und isst das Häppchen auf.
Wenn es schmeckt: Oh und Aah – wenn nicht – iiihhh, igitt, pfui.

Saftladen

In unserem Saftladen geht es darum, herauszuschmecken, aus welchem Obst oder Gemüse der Saft gepresst wurde.

Material: Saftpresse, viele verschiedene Obst- und Gemüsesorten, die sich zu Saft verarbeiten lassen: Orange, Apfel, Birne, Traube, Erdbeere, Johannisbeere, Himbeere, Grapefruit, Melone, Zitrone, Karotte, Rote Beete, Spinat, Sellerie, Sauerkraut; Messer, Brettchen, viele Becher, Teller, bunte Pappbecher mit aufgeklebten Wackelaugen

Vorbereitung: Obst und Gemüse einzeln auspressen und jeden gewonnenen Saft für jedes Kind in eigene kleine Becher füllen. Von allen Obst -und Gemüsesorten außerdem für jeden Teilnehmer ein Stück vom jeweiligen Obst oder Gemüse zu einem Häppchen zurechtschneiden und auf einem Teller auslegen.

Die Aufgabe besteht darin, durch Probieren der verschiedenen Obst- und Fruchtsäfte das passende Gegenstück, aus dem der jeweilige Saft gepresst wurde, auf dem Teller herauszufinden und dann auch zu benennen.

Schmatz-Wettbewerb

Ein Kochlöffel nach dem anderen zeigt, was er in Hinsicht Schmatzen so drauf hat.

DAS VERSCHWUNDENE WACHMONSTER

Im Monsterland herrschte große Aufregung. Monsterkönig Socke war sehr besorgt.

Als er morgens in seinem riesigen Monsterbett aus dicken Felsbrocken aufgewacht war, hatte er gleich die Monsterpfote ausgestreckt, um sein Wachmonster Kroko zu wecken. Aber die Hand griff ins Leere. Erstaunt setzte König Socke sich im Bett auf. Er schüttelte das Deckbett aus Kieselsteinchen ab und guckte neben sein Bett. Er guckte und guckte. Er machte Stielaugen, aber da war kein Kroko. Der König suchte und suchte, aber er fand sein kleines Wachmonster nicht.

Irgendein Gauner hatte Kroko, das kleine Wachmonster, geklaut. Das war schlimm, denn ohne sein Wachmonster konnte König Socke seinen Monsterpalast nicht verlassen. Das ging gar nicht, denn da fühlte er sich so unsicher, dass ihm die Zähne klapperten. Seine Untertanenmonster würden ihn alle auslachen, wenn sie wüssten, was er für eine Angst hatte. Sie glaubten, dass sie einen großen, starken, mutigen unbesiegbaren König hätten – aber das stimmte in Wirklichkeit gar nicht. Ohne sein kleines Krokomonster war König Socke ein richtiges Schlottermonster, schlimmer als jedes kleine doofe Gespenst und weniger gefährlich als ein neugeborenes Vampirbaby.

Verzweifelt brüllte König Socke nach seiner fürchterlichen Tochter und den anderen Kindern. Atemlos kam die Prinzessin mit den kleinen Miefsocken-Prinzen angerannt. „Oh, König, was schreist du denn so?", rief sie. „Ich war gerade dabei, den Jungs ein wenig monstern beizubringen, was ist los?"

„Mein Wachmonster ist verschwunden", jammerte der König. „Irgendein Gauner hat es geklaut. Was soll ich nur tun? So kann ich nicht aus dem Haus gehen, da klappern mir ja die Zähne." König Socke fing an zu heulen.

Und ich kann euch versichern, wenn so ein Monster losheult, dann ist das ziemlich laut. Das Geheule schallte durch das ganze Monsterland, und alle Untertanen kamen angerannt und wollten wissen, was passiert wäre.

Die Prinzessin stellte sich also auf den Balkon und schrie: „Donnerwetter! Kröten-schleim! Verflixt noch mal! Irgendein Schelm hat dem König das kleine Wachmonster geklaut."

Der König rief: „Wenn es jemandem von euch gelingt, Kroko wiederzufinden, gebe ich ihm meine fürchterliche Tochter zur Frau."

Alle Untertanen drehten sich weg und maulten: „Och nö."

„Na gut", beeilte sich der König zu sagen, „der bekommt dann was von meinem tollen Schatz ab. Na, ist das ein Angebot?"

„Ja, monstermäßig super", jubelte das ganze Monstervolk begeistert.

Und schon rannten alle Monster davon, um das Wachmonster zu suchen.

Wenn ihr wollt, könnt ihr euch auch an der Suche beteiligen. Der Gauner, der das kleine Monster geklaut hat, hat nämlich Spuren hinterlassen.

Wenn ihr den Spuren folgt und außerdem ein paar Aufgaben löst, wird es euch viel-leicht gelingen, Kroko zuerst zu finden, und dann gehört der Schatz euch.

Wachmonster-Suchspiel

VORBEREITUNGEN UND ABLAUF

Unsere Monstersuche findet draußen statt und verbindet Bewegung mit Spiel, Spaß und ein wenig Tüftelei. Ein schönes Abenteuer für gemischte Kindergruppen. Geeignete Kleidung und Proviant nicht vergessen.

Zur Einstimmung und zur Vorbereitung basteln die Kinder mit Unterstützung der Spielleitung einige Gegenstände, die für die spätere Suche benötigt werden. Die Anleitungen finden sich im Anschluss (siehe S. 68 f.).

Die Spielleitung sucht einen geeigneten Weg in der Natur aus, das kann im Wald sein oder in einem Park. Wichtig sind geeignete Plätze für die einzelnen Stationen: Bäume, und vor allem ein Zielpunkt, an dem Kroko, das Wachmonster, so versteckt werden kann, dass man es nicht auf den ersten Blick findet.
Die Erwachsenen bereiten den Parcours mit den einzelnen Stationen vor. An den Stationen gibt es jeweils eine Aktion und einen Hinweis zum weiteren Verlauf. Zwischendurch kann der Weg auch mit Monstersteinen oder Fußspuren markiert werden.

Wenn das Monster gefunden ist, geht es mit Juhu wieder zurück an den Ausgangspunkt.

Zum Schluss setzt die Spielleitung eine Krone auf, und jedes Kind darf sich aus einer Schatztruhe etwas nehmen.

Material: Wachmonster, knallharte Steinmonster, Krümelmonster, Monsterballons, Wurfpfeile, Krümelmonster, Monsterfüße, Piñata, Glas mit Monsteraugen, Schatztruhe, Krone (Anleitungen siehe S. 68 ff.), Brett oder Baumstamm, Knabberfische, eventuell Brett, Zettel mit Wegbeschreibungen, Proviant, Augenbinde, Schatztruhe (was auch immer sich eignet), kleine Schätze als Belohnung

BASTELEIEN

Knallharte Steinmonster
Kommen als Wegweiser zum Einsatz.

Material: viele hübsche Steine, Acrylfarben (weiß, schwarz), Grundfarben, Pinsel, Wackelaugen, Klebstoff

Steine mit weißer Farbe grundieren, trocknen lassen. Dann kann das Monstergesicht auch in einer anderen Farbe aufgemalt werden: Augen, Nase, Mund und Zähne, je nach Fantasie und Vorstellung. Dann mehrere Wackelaugen aufkleben und Mund mit Zähnen verzieren.

Kroko, das kleine Wachmonster
Unser Wachmonster sieht ganz toll aus und besteht tatsächlich aus Eierkartons. Es wartet in seinem Versteck darauf, befreit zu werden.

Material: 1 Zehner-Eierkarton, 1 Sechser-Eierkarton, rote und grüne Fingerfarbe, weißer Fotokarton, Pinsel, grünes Krepppapier, 4 Musterklammern, Nagel, schwarzer Filzstift.

Bei dem kleinen Eierkarton Deckel und Boden auseinanderschneiden.
Die Kartons von außen grün anmalen. Den kleinen Karton zusätzlich von innen rot anmalen. Farbe trocknen lassen. Vorsichtig mit dem Nagel zwei Löcher in je eine kurze Seite der Kartons bohren.
Der kleine Karton bildet den Kopf mit dem Maul.
Der umgedrehte große Karton ergibt den Körper.

Die Kartonteile mit Musterklammern so zusammenheften, dass das Maul des Krokodils offen steht. Grünes Krepppapier zu Kügelchen zusammenknüllen. Das sind die Augen des Wachmonsters. Augen auf den Kroko-Kopf kleben und schwarze Pupillen draufmalen.
Dann aus weißem Karton spitze Zähne ausschneiden und dem Monster ins Maul kleben, damit es monstermäßig gefährlich aussieht.

Krümelmonster

Material: großer Eimer, Fotokarton (Reste) in Weiß, Schwarz und Rot, Schere, Klebstoff, Monsternahrung (z. B. kleine Stöckchen, Nüsse, Eicheln, Papierkugeln)

Aus schwarzem und weißem Papier zwei Monsteraugen basteln und auf den Eimer kleben. Den Monstermund aus rotem Papier basteln und auch auf den Eimer kleben. Eventuell noch weiße Monsterzähne ausschneiden und am Mund aufkleben.

Monsterballons

Material: viele Luftballons, Wurfpfeile, Filzstifte, Schnur

Viele Ballons mit Filzstift in Monster verwandeln. Immer ein paar zusammenbinden und aus den Ballonhaufen eine Barriere bauen.

Monster-Fußspuren

Die lassen sich gut einsetzen, um den Weg zu weisen, sofern er trocken ist. Sie lassen sich aber auch als Einladungskarten für ein Monsterfest (siehe S. 74 f.) verwenden.

Material: grünes Tonpapier, Schere, Stifte, Doppelklebeband

Monsterfüße auf das Papier malen und ausschneiden. Auf den Boden legen als Wegweiser und mit einem Stein beschweren.

Monsteraugen

Auch gut für ein Wettbewerbsspiel, wo es zum Schluss einen kleinen Preis gibt.

Material: Flasche mit Verschluss, farbiger Dekosand, Zettel mit dem Hinweis auf den weiteren Wegverlauf. Wackelaugen oder gebastelte Augen aus schwarzer und weißer fester Pappe in verschiedenen Größen.

Alles in die Flasche füllen.

Knabberfische

Material: dünne blaue Pappe, weißer Stift, Schere, Stifte

Die Kinder malen bunte Fische mit vielen Zähnchen und schneiden sie aus.

Monsterkopf

Unser Monsterkopf ist eigentlich eine sogenannte Piñata, ein Hohlkörper, der so hoch über den Köpfen der Gäste aufgehängt wird, dass er nur mit einem Stock zu erreichen ist. In Mexiko gehört eine mit Süßigkeiten gefüllte Piñata zum Kindergeburtstag wie bei uns das Topfschlagen. Sie eignet sich aber auch sehr gut dazu, die Kinder auf der Suche nach Kroko, dem Wachmonster, ein Stück weiter zu bringen.

Material: Zeitungspapier, Wasserball, Tapetenkleister, Schüssel, Schere, Schnur, Pinsel, Farben, Klebeband, Krepppapier, Stock, Zettel mit der wichtigen Nachricht

Das Zeitungspapier in kleinere Stücke zerreißen (ca. 10 cm x 10 cm).

Den Kleister nach Anweisung anrühren. Den Wasserball aufblasen und in die Schüssel legen, damit er nicht wegrollt. Die Papierstücke durch den Kleister ziehen und auf den Ball kleben.

Achtung! Um das Ventil herum müssen ca. 15 cm frei bleiben!

Wenn die erste Schicht aufgeklebt ist, 24 Stunden trocknen lassen. Dann die zweite, dritte vierte Schicht mit jeweils einem Tag Trockenzeit.

Nun das Ventil öffnen und entfernen. Manchmal kann man es mit etwas Krafteinsatz herausziehen. Wenn nicht, mit einer kleinen Schere um das Ventil herum schneiden. Das ist dann das Füllloch. Wird die Figur aufgehängt, muss es oben sein. Mit der Schere neben dem Füllloch zwei kleine Löcher bohren und eine Schnur durchziehen. Dann den Bereich um diese Löcher verstärken, z. B. mit Klebeband.

Nun den Ball bemalen und ein tolles Monstergesicht draus machen. Den wichtigen Zettel und kleine Bällchen aus lose verknülltem Krepppapier in die Piñata füllen, bis diese bis oben voll ist. Piñata aufhängen.

DIE SUCHE NACH KROKO,
DEM KLEINEN WACHMONSTER – SPIELABLAUF

Alle versammeln sich am Startpunkt.
Auf dem Boden liegen mit einem Stein beschwerte Monster-Fußspuren als Wegweiser und geben die Laufrichtung vor.

Krümelmonster füttern

Das hungrige Monster versperrt den Weg. In seinem Maul liegt ein Zettel mit der Wegbeschreibung. Aber Stopp! Es lässt die Jungmonster nur durch, wenn es satt ist. Dazu muss jedes von ihnen drei „Kekse" in sein Maul befördern. Als Keks gilt alles, was so rumliegt: Steinchen, Stöckchen, Tannenzapfen, Eicheln, Papierkugeln.
Na dann, viel Glück beim Zielen.

Monsterballon-Barriere

Eine Barriere aus Ballons versperrt den Weg. Die Kinder müssen alle Ballons zum Platzen bringen, sonst kommen sie nicht weiter.
Ein Kind nach dem anderen darf immer drei Pfeile werfen. Die Spielleitung achtet darauf, dass niemand in der Flugbahn steht oder sonst in Gefahr kommt.
In einem der Ballons befindet sich ein Zettel, auf dem draufsteht, wie es weitergeht.
Das nächste Ziel ist, eine geheimnisvolle Flasche zu finden.

Knallharte Steinmonster

Kommen zum Pfeil gelegt zwischendurch als Wegweiser zum Einsatz, wo sie gebraucht werden.

Wie viele Monsteraugen?

Ist die Flasche gefunden: Flasche nehmen, Flasche schütteln und Augen zählen. Wer die richtige Anzahl errät oder ihr am nächsten kommt, darf den Zettel rausholen, auf dem steht, wo es weitergeht.

Krümelmonsters Reisetasche

Die Kinder müssen vorbei an einem vergesslichen Krümelmonster, das verzweifelt versucht, seine Reisetasche zu packen, weil es zurück möchte ins Krümelland.
Es will den Weg aber nur freigeben, wenn die anderen Monster ihm helfen, seine Tasche zu packen. Eine lustige Variante des Spieles „Ich packe meinen Koffer" – da wird das Gedächtnis trainiert und eine Pause tut auch mal gut.

Material: ein verkleidetes „Krümelmonster"

Das Krümelmonster beginnt mit dem Satz „Ich packe meine Reisetasche ..." und ergänzt den Satz dann mit einer süßen Sache, zum Beispiel: „Ich packe meine Tasche und nehme Schokoladenkuchen mit." Der nächste Spieler in der Runde wiederholt den Satz und fügt einen weiteren Gegenstand hinzu, z.B.: „Ich packe meine Tasche und nehme Schokoladenkuchen und Gummibärchen mit."

So geht es immer weiter. Jeder Spieler wiederholt den Satz mit den zuvor genannten Gegenständen und fügt dann selbst wiederum einen neuen Gegenstand hinzu. Insgesamt müssen je nach Alter der Kinder zwischen zehn und zwanzig Sachen in die Reisetasche wandern. Die Anzahl legt die Spielleitung vor Spielbeginn fest.

Sobald ein Mitspieler einen Fehler macht oder einen Gegenstand vergisst, fängt das Krümelmonster laut an zu heulen, weil es Angst hat, nie mehr ins Krümelland zu kommen. Die Monster heulen, weil sie immer noch nicht vorbeikommen, und das Spiel beginnt von vorne.

Gespielt wird, bis die Reisetasche ordentlich gepackt ist.

Dann verabschiedet sich das Krümelmonster und gibt den Weg frei.

Knallharte Steinmonster

Kommen zum Pfeil gelegt als Wegweiser zum Einsatz.

Achtung, Knabberfische

Die Kinder balancieren vorsichtig auf einem Brett oder einem Baumstamm. Daneben schwimmen viele bunte Knabberfische, die am liebsten an den dicken Fußzehen herumnuckeln. Also Achtung, nicht runterfallen.

Monster-Fußspuren weisen den weiteren Weg

Schlag das Monster

Die Kinder dürfen mit verbundenen Augen nacheinander je drei Mal versuchen, die Piñata mit dem Stock zu zerschlagen.

In der Piñata befindet sich der Zettel, auf dem draufsteht, wo ungefähr Kroko, das kleine Wachmonster, gefangen gehalten wird.

Die Befreiung von Kroko, dem Wachmonster

Die Befreiung lässt sich mehr oder weniger einfach gestalten, je nachdem, wie alt die Kinder sind. Es gibt ja viele Möglichkeiten, das Monsterchen zu verstecken. Zu lange sollte die Suche aber nicht dauern. Und dann geht es wieder zurück, denn König Socke wartet schon ungeduldig auf sein geliebtes Wachmonster.

Des Königs Schatztruhe

Ganz zum Schluss setzt die Spielleitung die Krone auf, schnappt die Schatztruhe, und dann bekommt jeder Teilnehmer vom glücklichen König Socke seinen verdienten Anteil am kostbaren Schatz.

Kroko ♡

DAS GROSSE MONSTERFEST

Wenn Monster feiern, dann wird gefeiert, dass es nur so kracht. Und alle Monster im Monsterland bekommen ein paar Tage vorher vom Monsterkönig persönlich eine Einladungskarte. Die Karte hat Mamo, das Malmonster, gebastelt, und sie sieht ganz toll aus. Da steht dann zum Beispiel drauf: „Liebe Fressmonsterfamilie Bröselpiep. Ich lade euch herzlich zu meinem Monsterfest ein. Es gibt auch jede Menge zu essen." Ja, das steht da, und das ist für Monster ja auch ganz wichtig.

Diesmal kommt sogar ein sehr berühmtes Monster aus dem Ausland. Auf der Einladung für Nessie, das Seeungeheuer, steht: „Auf dich wartet ein original schottischer See, damit du zwischendurch baden kannst und kein Heimweh bekommst."

Die fliegenden Monster spielen wie jedes Jahr Briefträger und bringen wirklich allen verschiedenen Monstern eine nette Einladung. Sie fliegen sogar zum ungeliebten Lehrermonster „Isnokul", das gerade in Transsylvanien auf Urlaub ist. Die Monsterkinder finden das zwar völlig unnötig, aber Monsterkönig Socke besteht nun mal drauf, alle seine Untertanen einzuladen. Und tatsächlich erscheint das Lehrermonster pünktlich zum Fest. Es ist gut gelaunt, bedauert allerdings sehr, keine Zeit mehr gehabt zu haben, mit den Monsterschülern ein passend grausliches Lied einzuüben. Darüber sind die Monsterschüler wiederum sehr erfreut.

Während die fliegenden Monster sich weiter um die Einladungen kümmern, bereiten andere Monster den Festplatz vor. Natürlich werden Tische und Bänke aufgestellt für die vielen Gäste. Na, und dann dürfen die Monsterkinder alles wunderbar dekorieren. Soll ja schließlich monsterfestmäßig schön aussehen. Ein bisschen gruselig auch, aber nicht zu sehr.

Mama Schmatz schließt zum ersten Mal seit langer Zeit ihr Restaurant und bereitet mit ihren Kindern ein riesiges Monsterbüfett vor. Das ist gar nicht so leicht, denn es gibt ja wirklich viele verschiedene Monster, und jedes hat so seine Vorlieben. Und das Essen bei diesem Fest soll auf Befehl des Monsterkönigs ganz besonders köstlich sein. Aber vor allem lauern überall verfressene gierige kleine Kochlöffelmonster. Kaum dreht Mama Schmatz sich um – schwupp, schon ist wieder eine ihrer Köstlichkeiten im unersättlichen Schlund eines frechen Kochlöffel-Lümmels verschwunden. Zum Glück gibt es genug kleine Fressmonster, die Mama Schmatz zu Hilfe eilen und diese Kochlöffel in Schach halten, indem sie ihnen ab und zu einen Brocken ins offene Maul werfen.

Schubidu, das Klingklang-Monster, ist zusammen mit Schalala beim großen Fest für die Musik zuständig, und die fürchterliche Prinzessin hat mit dem König Socke gemeinsam ein Festprogramm zusammengestellt. Traditionell wird das Fest mit dem Monstertrampeltanz eröffnet. Dann gibt es eine tolle Monster-Spiegel-Show und vieles mehr. Außerdem warten noch ganz monsterbare Attraktionen auf die fröhlichen Festgäste. Ein Gruselkabinett zum Beispiel. Und jede Menge Spiele.

Habt ihr Lust, mitzufeiern? Nun, dann verkleidet euch erst mal als Monster, und dann kann es losgehen.

Monster-Transformation

Universal-Monsterkostüm

Dieses süße Modell für etwas kugelige kleine Monster ist ganz bequem und sieht sehr lustig aus. Es hat außerdem den Vorteil, dass die Kinder nicht unbedingt geschminkt sein müssen, da sie ihr Gesicht quasi auf dem Bauch herumtragen. Und es darf sogar in Pink sein, wenn das Kind ein rosa Monster sein möchte!

Die Näharbeit an der Maschine wird von Erwachsenen erledigt, aber die Kinder können schon bei der Aktion dabei sein und entsprechend ihrer Fähigkeiten mithelfen.

Material: 280 cm x 150 cm Stoff in der Wunschfarbe, 90 cm x 120 cm Schaumstoff in 1 cm Stärke, 1 oder mehrere Filzbahnen und Reste für das Gesicht in gewünschter Farbe, 120 cm Einziehgummi, Nadel, Faden, Schere, Nähmaschine, Stecknadeln, Schnittmuster, Papier, Stifte

Vorbereitung: Schnittmuster herstellen, dazu Vorlage kopieren, vergrößern (kurze Geraden: 39 cm, breiteste Stelle: 60 cm, Länge an der Mittelnaht: 90 cm)

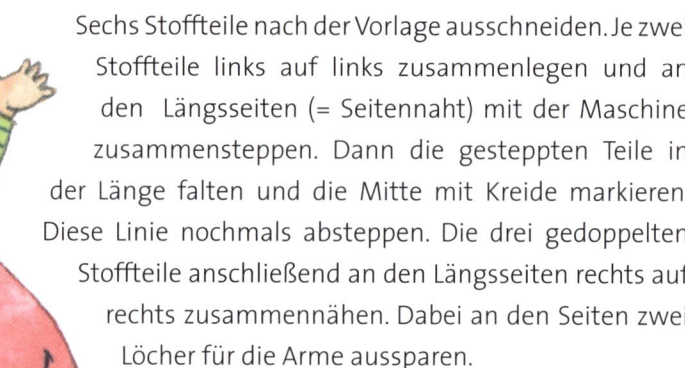

Sechs Stoffteile nach der Vorlage ausschneiden. Je zwei Stoffteile links auf links zusammenlegen und an den Längsseiten (= Seitennaht) mit der Maschine zusammensteppen. Dann die gesteppten Teile in der Länge falten und die Mitte mit Kreide markieren. Diese Linie nochmals absteppen. Die drei gedoppelten Stoffteile anschließend an den Längsseiten rechts auf rechts zusammennähen. Dabei an den Seiten zwei Löcher für die Arme aussparen.

Nach der Vorlage drei Schaumstoffteile ausschneiden und der Länge nach halbieren. Die Teile zwischen die Stoffbahnen schieben. Die Bündchen werden aus zwei Stoffstreifen (122 cm x 6 cm) genäht. Den Streifen falten und zusammennähen. Anschließend je einen gefalteten Streifen oben und unten an das Kostüm annähen Zum Schluss das Gummiband durch die Streifen ziehen.

Die Kinder überlegen sich, wie ihr Monstergesicht aussehen soll und malen Mund und Auge auf Papier. Ausschneiden, auf den Stoff legen, gucken, ob es passt. Dann das Papier auf Filz legen, feststecken und Filzaugen und Mund ausschneiden. Danach das Filzgesicht auf eines der Stoffteile aufnähen.

Tipp: Dazu Monsterfüße tragen (siehe S. 80).

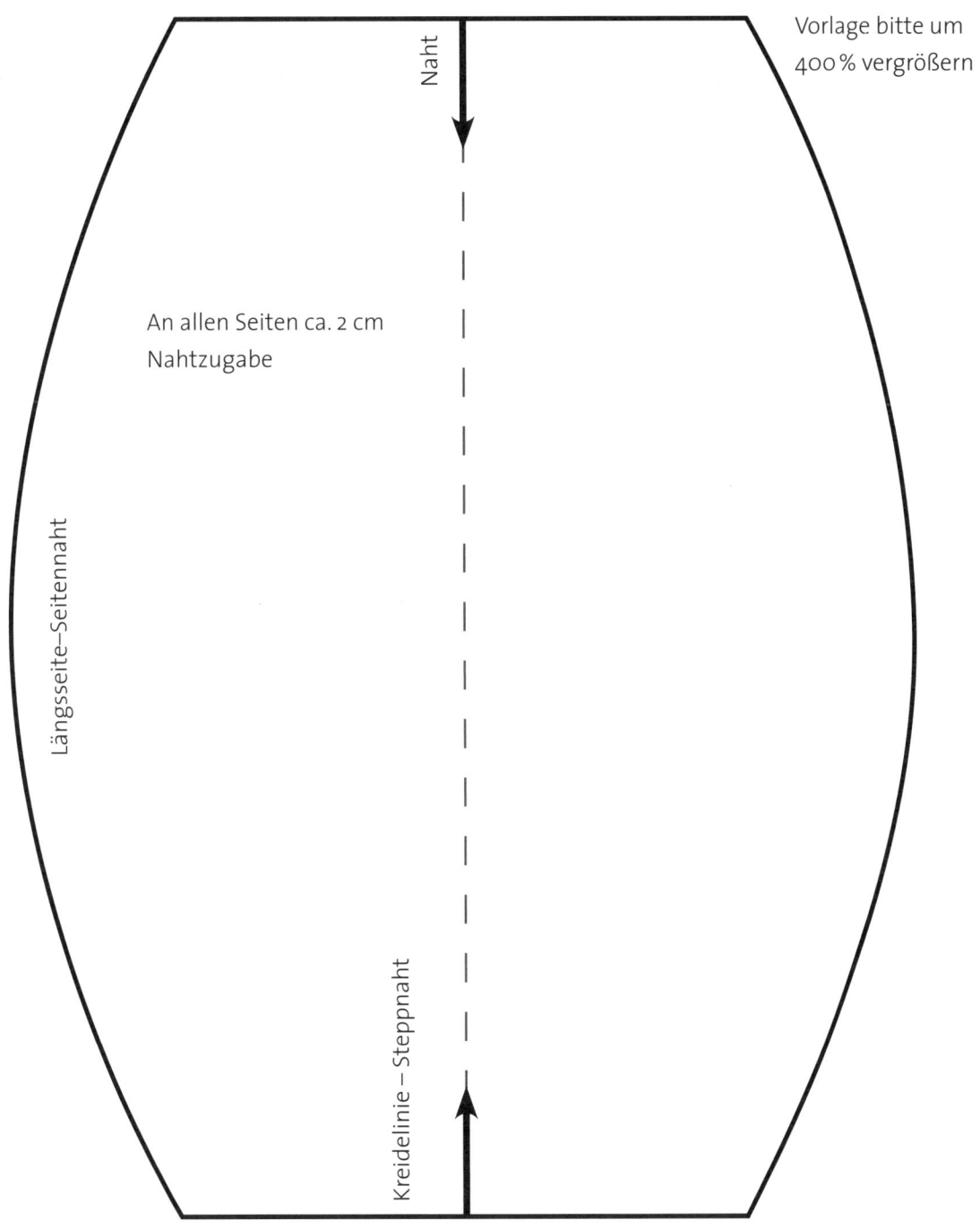

Naht

Vorlage bitte um 400 % vergrößern

An allen Seiten ca. 2 cm Nahtzugabe

Längsseite–Seitennaht

Kreidelinie – Steppnaht

Lumpiges Monster

Eine Verkleidung muss nicht immer aufwändig sein oder viel Geld kosten, wie der folgende Kostümvorschlag beweist.

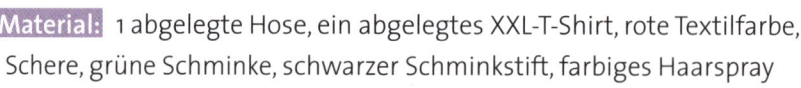

Material: 1 abgelegte Hose, ein abgelegtes XXL-T-Shirt, rote Textilfarbe, Schere, grüne Schminke, schwarzer Schminkstift, farbiges Haarspray

In das T-Shirt Löcher schneiden und rote Farbflecken draufkleckern.
In die Hose unten große Zacken reinschneiden.
Das Gesicht grün schminken und dann mit schwarzem Stift „Nähte" aufmalen. Um ein Auge einen großen schwarzen Ring schminken.
Die Haare bunt sprayen und lustig auftoupieren.

Tipp: Dazu passen Monsterfüße (siehe S. 80).

Swampy, das Sumpfmonster

Es ist gar nicht so schwer, sich in ein nettes kleines Sumpfmonster zu verwandeln.

Material: T-Shirt und Leggings/Hose in Grün, Grau oder Braun, künstliches Moos (ist nicht teuer und findet sich im Internet z. B. unter Weihnachtskrippen-Deko), kleines Fischernetz oder sonstiges Netz, kleine weiche Spielzeugtiere wie Schlangen, Spinnen, Würmer, Käfer etc, graue Gaze, graue oder grüne Schminkfarben, Klebstoff

Vorbereitung: Stücke vom Moos zuschneiden, auf dem T-Shirt verteilen und festkleben. Das macht jeder, wie er will. Große Stücke oder kleine Fitzel, je nach Geschmack und zur Verfügung stehender Materialmenge. Und dann trocknen lassen.

Zuerst Hose und T-Shirt anziehen. Dann das Netz um den Oberkörper herumwickeln und festknoten oder feststecken. Falls vorhanden, kleine Viecher im Netz befestigen. Das Gesicht mit grauer oder grüner Schminke schön sumpfig vermonstern. Und zum Schluss vielleicht noch zusätzlich den Kopf mit Gaze umhüllen.

Sumpfmonster-Sound

So ein Sumpfmonster kann auch durchaus passende schlürfende und schmatzende Geräusche von sich geben. Und wenn es sich bewegt, dann klingt das so, als würde man durch den Matsch laufen.

Tja, das ist echt schwer zu erklären, aber leicht auszuprobieren, indem die Kinder Luft und Spucke vom Mund nach hinten einsaugen. Dann den Mund auf- und zumachen, mal schneller, mal langsamer. Oder ganz anders …

Siamesisches Zwillingsmonster

Wenn zwei „dicke" Freunde sich gerne zusammen als ein Monster verkleiden möchten, können sie sich als sensationelles zweiköpfiges Monster präsentieren.

 2 dunkle Hosen, 1 XXL langärmliges Shirt, in das beide Freunde zusammen reinpassen, Klebstoff, Fellreste aller Art, Schminkfarbe, Haarfärbespray, Kamm

Vorbereitung: Fellreste auf das T-Shirt kleben.

Zwei Kinder ziehen zusammen das T-Shirt an. Jedes schlüpft mit einem Arm in den Ärmel auf seiner Seite. Danach wird die Schminke aufgetragen. Bunte Punkte stehen diesem Monster zum Beispiel sehr gut.
Und dann noch die Haare mit Spray färben und lustig in alle Richtungen frisieren.

Monster-Füße

Tolle Monsterfüße sind natürlich ein Muss für jedes ordentliche Monster. Dieses Modell ist aus Schaumstoff und ohne viel Mühe schnell gebastelt.

Material: Schaumstoff in beliebiger Farbe, Schere, Stift, weißer Schaumstoff, 1 Paar alte Socken, Klebstoff, Malpapier, Filzstift

Vorbereitung: Zuerst entwerfen die Kinder ihren Monsterfuß und zeichnen ihn auf Malpapier.

Wichtig ist, dass der Fuß mindestens so groß ist, dass er die gesamte Oberseite des Kinderfußes bedeckt. Größer geht auch, aber kleiner ist doof.
Monsterfüße können jede beliebige Form haben, zum Beispiel mit drei riesigen Zehen. Die fertige Vorlage schneiden die Kinder aus und verwenden sie als Schablone.

Die Schablone auf den Schaumstoff legen und mit Filzstift den Umriss nachzeichnen. Und dann noch einmal, da wir ja zwei Füße brauchen. Die dürfen auch zwei verschiedene Farben haben! Dann die Monsterfüße ausschneiden.
Zehennägel lassen sich aus weißem Schaumstoff basteln. Ganz einfach Dreiecke in der gewünschten Größe ausschneiden und an die Fußzehen kleben.
Die Unterseite jedes Fußes dann jeweils an die Oberseite einer Socke kleben.
Trocknen lassen.
Monsterfußsocken anziehen und losmonstern.

Monster-Stampfefuß

Das ist ein sehr rustikales Monsterfuß-Modell und gut geeignet für alle Arten von lustigen Lauf- oder Tanzspielen. Je größer die „Füße", desto stampfiger der Eindruck!

Material: 2 gleich große Schuhschachteln mit Deckel oder andere Kartons, Plakatfarben, Pinsel, Zeitungspapier, Fellreste, Füllmaterial wie Watte oder Papierschnipsel oder zerknülltes Seidenpapier etc., Schere

Den Karton à la Monsterfuß anmalen, nach eigener Vorstellung. Trocknen lassen und vielleicht noch bekleben mit bunten Fellresten etc.
Nun mit Hilfe der Spielleitung eine Öffnung in den Deckel schneiden, durch die der Fuß durchpasst. Den Rest vom Karton mit Füllmaterial ausstopfen und den Deckel mit Klebeband fixieren. Und losstampfen ...

Einauge Monstermaske

Eine schöne Bastelei und eine super Maske auch für Kleine.

Material: grüner, weißer, blauer, schwarzer Filz; Schere, Superklebstoff, Gummiband, Filzstift

Ein Rechteck aus grünem Filz zuschneiden, das von einem Ohr zum anderen lang und von der Stirn bis zu den Lippen breit ist.

Dann mit Filzstift eine gebogene Linie zur Nase hinaufziehen, so dass beim Ausschneiden die Nase freiliegt.

Aus weißem Filz einen Kreis ausschneiden, der so groß ist, dass er gerade noch auf die Mitte der Maske passt. Aufkleben. Darauf kommt ein kleinerer Kreis aus blauem Filz, und darauf ein noch kleinerer aus schwarzem Filz. Für ein Augenlid eine schmale „Mondsichel" aus grünem Filz zuschneiden und auf das Auge kleben.

Maske ans Gesicht halten und vorsichtig anzeichnen, wo die Augen sind. Dann die Augenlöcher entsprechend ausschneiden.

Nun an jedem Ende der Maske ein kleines Loch bohren. Gummiband an der einen Seite durchfädeln und festknoten. Dann die Länge am Kopf austesten und das andere Ende des Gummis auch fädeln und knoten.

Tütenmonstermaske

Wer sich mal eben hurtig, hurtig in ein Monster verwandeln möchte, kann das im Nu mit einer Einkaufstasche aus Papier machen.

Material: Papiertüte, Schere, Stift

Monstergesicht aufzeichnen. Dabei darauf achten, dass die Augen so platziert sind, dass das Monster sehen kann. Augen, Nase, Mund herausschneiden, Tüte aufsetzen. Fertig.

Tipp: Dazu Monsterschuhe rustikal (Anleitung Monster-Stampfefuß, siehe S. 80)

Monsterkönigs- & Prinzessinnenkrone

Monsterkönig und Prinzessin tragen kein besonderes Kostüm, aber man erkennt sie an der Krone, die sie tragen.

Material: Maßband, gelbes Tonpapier, Wattestreifen, schwarzes Papier, Schere, Stift, Tacker, bunte Pralinenmanschetten

Einen breiten Streifen gelbes Tonpapier (so breit wie die Krone hoch sein soll) um den Kopf des Kindes legen, um die passende Länge zu bestimmen. Dann mit ca. 3 cm Nahtzugabe zuschneiden.

Den Streifen in der Mitte zu zwei schmaleren knicken. Dann bis zur Knicklinie nach Lust und Laune längere und kürzere Zacken in den Streifen schneiden. Die Zacken müssen nicht gleichmäßig sein.

Krone anpassen und die Enden mit dem Tacker verschließen. Zacken etwas nach außen biegen.

Den Kronenrand rundherum mit einem Wattestreifen bekleben. Kleine schwarze Papierschnipsel in die Watte stecken. Manschetten unter jede Zacke kleben, am besten zwei oder drei ineinander stecken lassen, damit sie stabil sind.

Monsterfest-Vorbereitung & Dekoration

Für das Monsterfest sucht die Spielleitung vorher einen geeigneten Festplatz aus. Dann werden Einladungen gebastelt. Sehr schön ist der Fußabdruck eines Kindes als Vorlage für eine Einladungskarte. Oder es wird eine der Techniken aus dem „Malkapitel" (siehe S. 15 ff.) verwendet.

Die Kinder kommen in Monsterverkleidung (siehe S. 76 ff.) zum Fest.

Das Fest kann sowohl draußen als auch in geeigneten Räumlichkeiten stattfinden. Wichtig ist genügend Platz, um eine Bühne zu improvisieren, ein schönes Büfett aufzubauen, Tische und Bänke aufzustellen. Außerdem wird Platz für Spiele gebraucht, und es sollten genügend Helfer zur Verfügung stehen.

Vorschläge für leckere Monsterspeisen finden sich im Kapitel „Zum hungrigen Monster" (siehe S. 55 ff.). Das Obstsalatmonster (siehe S. 59) sei hier besonders erwähnt, da es wunderbar als Blickfang in die Mitte eines Büfetts passt.

Und hier noch ein paar festliche Dekorationsvorschläge:

Fliegende Monster

Unsere fliegenden Monster sind so freundlich, sich als Dekorationsobjekte für das große Fest zur Verfügung zu stellen.

Material: Schablone Umriss fliegendes Monster (links) auf DIN-A3 vergrößern, Bleistift, schwarzer Karton, durchsichtiger Faden, Schere, Klebstoff, weißes Papier, Textmarker neongelb, Fellreste schwarz, ev. Schwarzlichtlampe

Die Schablone kopieren und ausschneiden. Schablone auf das schwarze Papier legen und den Umriss mit Bleistift nachzeichnen. Augen aus weißem Papier ausschneiden, aufkleben und gelb anmalen. Das sieht bei Schwarzlicht besonders gut aus! Wenn Pelzreste zur Verfügung stehen, ein Stückchen davon auf den Körper kleben, dann sehen die Monster puschelig aus.

Nun entweder mit je zwei Stückchen durchsichtigem Faden an die Decke hängen und „fliegen lassen" oder mit Klebemasse (Posterfix) an die Wand kleben.

Variante: Bei Tageslicht sehen bunte Monster toll aus. Dazu farbiges Papier verwenden und den Monstern lustige Verzierungen oder Muster aufmalen.

Schwarzlicht

In einem Raum mit Schwarzlicht fängt alles rein Weiße und vor allem alle Leuchtfarben an zu glühen. Schwarzlicht ist eine spezielle Lichtquelle mit starkem UV-Anteil. Schwarzlicht-Lampen bekommt man im Fachhandel (Lampengeschäft) und in vielen Kaufhäusern.

Festlicher Monster-Tischkranz

Für ein stilecht dekoriertes Monster-Büfett.

Material: dünner Blumendraht, 2 Federboas, Tischtennisbälle, schwarzer wasserfester Filzstift, Heißklebepistole

Aus den zwei Federboas einen dicken Kranz formen und mit Blumendraht umwickeln. Auf die Tischtennisbälle mit Filzstift „Pupillen" malen und die Bälle mit dem Heißkleber auf dem Kranz festmachen. Den Kranz auf dem Tisch platzieren. Sie können ihn natürlich auch an die Wand oder an eine Tür hängen.

Grasiges Haar-Monster

Als Tischdekoration sieht das sehr monsterbar aus. Aber es ziert auch jede gewöhnliche Fensterbank.
Achtung: rechtzeitig anfangen, denn bis zum haarigen Ergebnis dauert es ein paar Tage.

Material: 1 leerer sauberer Milchkarton je Teilnehmer, Erde, Grassamen, Schere, Papier, Stifte, Wackelaugen, Klebstoff

Karton oben so abschneiden, dass es ein Viereck ergibt. Nun verzieren die Kinder die Außenseite des Kartons à la Monster. Sie können den Karton mit Buntpapier verkleiden und/oder bemalen, oder mit allem Material bekleben, das zur Verfügung steht. Zwei Wackelaugen werden oben am Milchkarton befestigt.
Dann füllen die Kinder Erde in den Karton, bis zwei oder drei Fingerbreit unter dem Rand. Ein oder zwei Teelöffel Grassamen darüber verteilen, und dann die Samen mit einer dünnen Schicht Erde bedecken. Die Monster gießen, an einen warmen sonnigen Platz stellen und zuschauen, wie den Monstern schließlich grüne Haare wachsen. Und jeden Tag werden sie länger ...

Monsterstarkes Festprogramm

Monster-Trampel-Stampftanz

Mit diesem stampfigen Trampeltanz wird das Monsterfest eröffnet. Er eignet sich übrigens auch gut als Kennenlerntanz.

Material: Trommeln, 2 Königskronen (siehe S. 82)

Zwei Monster spielen König und Prinzessin und setzen die Kronen auf. Sie stampfen ein paar Mal mit den Füßen und rufen z. B: „Liebe Monster! Das Fest ist hiermit eröffnet!"
Einige musikalische Monster übernehmen die Trommeln.
König, Prinzessin und die anderen Monster stellen sich zu einem Innen- und einem Außenkreis auf.
Die Trommler beginnen in einem langsamen Rhythmus zu trommeln.
Der Außenkreis tanzt dazu stampfend in die eine Richtung, der Innenkreis in die andere Richtung. Es darf gelacht und gehopst und geschwatzt werden.

Der Riesen-Monsterwurm

Der Monsterwurm ist ein witziger Geselle und dient bei unserem Fest als Gag-Figur. Er kann überall auftauchen und alles ein wenig durcheinander bringen. Damit er auch nach was aussieht, sollten mindestens sechs Kinder mitmachen und vor dem Fest vielleicht ein wenig üben, hintereinander her zu krabbeln. Kleine können auch aufrecht gehen und wie bei der Polonaise die Hände auf die Schultern des Vorderkindes legen.

Material: viele zusammengenähte weiße Bettlaken oder eine lange weiße Stoffbahn, Schere, Pappkartons (in die Köpfe reinpassen), Stift, Schere, Cutter

Vorbereitung: Monstergesichter auf die Kartons malen und entsprechend Auge, Nase, Mund herausschneiden (lassen). Alternativ lassen sich aber auch die Tütenmonster (Anleitung siehe S. 81) verwenden.

Die Kinder gehen in den Vierfüßlerstand. Die Spielleitung legt die Stoffbahn über die Kinder und schneidet für jeden Kopf einen Schlitz in den Stoff. Auf den Kopf kommt der Monsterkarton.
Und nun wandert der Wurm los. Auch mal im Kreis herum oder in Schlangenlinien ...

Monster-Spiegel-Show

Bei unserer absolut coolen Monstershow präsentieren sich unsere kleinen Monster paarweise in schönster Verkleidung mit einem Spiegeltanz vor einer sehr wohlwollenden Monster-Jury. Es handelt sich um eine Vorführung, bei der es keinen Sieger gibt. Diese Aktion lässt sich für ältere Schulkinder aber auch als Wettbewerb gestalten, mit einer Jury, die dann den „Sieger" wählt.

Material: Papier, Farben, Stifte, viele verkleidete Monster, flotte Musik, kleine Preise

Vorbereitung: Eine Jury zusammenstellen und einen Moderator finden.

Verschiedene Eigenschaften aussuchen, nach denen die Monster gekürt werden: schönstes Monster, originellstes, gruseligstes, lustigster Tanz, monsterigste Bewegungen usw.

Und dann für jedes Monster einen kleinen Preis vorbereiten, z.B. eine Monster-Fingerpuppe oder ein Kuschelmonster (Anleitung siehe S. 24)

Einen Laufsteg nach den gegebenen Möglichkeiten improvisieren. Das kann ein „roter Teppich" sein oder einfach eine markierte Strecke mit Start- und Zielpunkt.

Monsterpaare bilden. Bestimmen, wer das „Spiegelbild" spielt.

Ein Monsterpaar nach dem anderen marschiert oder tanzt oder hopst zur Musik (nicht zu laut) über den „Laufsteg". Es darf Theater gespielt werden, und Geräusche dürfen die Monster auch machen.

Dann bleiben die Monster stehen. Die Musik stoppt.

Die Spielleitung (Monsterkönig?) oder ein sprachbegabtes Monster moderiert und stellt die Kandidaten vor. Oder die Monster erzählen über sich selber, aber nur die, die Spaß daran haben.

Nun zeigen sie ihren Spiegeltanz, bis die Jury „Stopp" ruft: das eine Monster bewegt sich vor dem imaginären „Spiegel", das andere macht jede Bewegung sofort nach.

Zwischendurch erscheint der Riesen-Monsterwurm (siehe S. 85), der gar nicht mitmachen darf. Er wird von der Bühne geschickt, ist aber bockig und zockelt schließlich davon.

Danach bekommen die Monster einen Preis, für welche ihrer herausragenden Eigenschaften die Jury ihnen den auch zuspricht.

Patschklatsch-Monstertanz

Hier kommen die Körperinstrumente zum Einsatz. Das fördert Rhythmusgefühl und Körperbewusstsein.

Material: Volksmusik aus dem Alpenland

Die Tanzmonster bilden einen Halbkreis. Die Spielleitung geht in die Mitte und macht die Bewegungen vor. Und dann im Rhythmus zur Musik:
fest auf den Boden trampeln – klatschen – mit den Fingern schnipsen – auf die Schenkel patschen – wieder klatschen – auf die Füße patschen – stampfen – klatschen ...

Monstertwist

Der Monstertwist ist sehr publikumswirksam und strapaziert die Lachmuskeln.

Die Anleitung dazu findet sich auf Seite 49.

Monströse Polonaise

Ob Monster oder Mensch – die Abschlusspolonaise macht immer wieder Spaß.

Material: Faschingsmusik, Seifenblasen, 1 Ring für Riesenseifenblasen, Gefäß mit Lauge

Für die Abschlusspolonaise bilden die Monster eine lange Reihe und marschieren im Takt zur Musik von der Bühne. Dabei pusten sie Seifenblasen in die Luft. Toll sieht es aus, wenn jemand Riesenseifenblasen hinbekommt. Der Riesenwurm kommt auch dazu und macht mit.

Ungeheure Monster-Party-Attraktionen

Gruselkabinett „Zum mutigen Monster"

Das Gruselkabinett ist immer eine Attraktion. Am besten eignet sich ein Kellerraum oder ein anderes dunkles Zimmer. Unser Kabinett ist natürlich nicht so supergruselig, aber für die Kleinen empfehle ich, nur die „Mutigen-Monster-Gucklöcher" als Einzelinstallation anzubieten.

Alter: ab 5 Jahren
Material: Schwarzlicht, Gruselsound von CD (je nach Alter mehr oder weniger gruselig), Tücher, Bettlaken, Deko-Spinnweben, 2 dunkle Spieltunnel, Schilder mit Leuchtpfeilen, 3 Helfermonster

Vorbereitung: Am Eingang zwei Tunnel platzieren.

Ein Helfermonster betreut die kleinen Monster vor dem Kabinett, und zwei werden innen gebraucht.
Auf der linken Seite des Raumes Bettlaken und Spinnweben herabhängen lassen.

Mutige-Monster-Gucklöcher
Diese Installation lässt sich auch sehr gut als einzelne Attraktion einsetzen, zum Beispiel für ängstliche Mini-Monster.

Material: lustige Leuchtmonster (aus weißem Karton selbst gebastelt und mit Leuchtfarben bemalt), Leuchtspinnen und anderes Getier, Deko-Spinnweben aus Baumwolle, schwarzer Fotokarton, Schere, Nylonfaden, Schwarzlicht

Nische oder Ecke mit Leuchtmonstern, Deko-Spinnweben aus Baumwolle und je nach Alter der Kinder eventuell anderem Getier wie Skorpion, kleinen Leuchtskeletten etc. dekorieren. Eine Ablagefläche ist da überaus sinnvoll. Flattermonster (siehe S. 44) oben drüber schweben lassen. Schwarzlichtlampe davorlegen. Nische mit schwarzem Foto-karton schließen. Gucklöcher in den Karton schneiden.

Monsterchens supereklige Grabbelkiste
Die Grabbelkiste aus der Monsterschule passt perfekt ins Gruselkabinett (Anleitung siehe S. 30).

Gruselmonster-Gardinen

Ja, so eine Gardine, die sich wie von Geisterhand bewegt, obwohl doch kein Fenster offen steht … was da wohl dahinter steckt?

Material: 2 Schlaufengardinen aus duftigem Stoff, Gardinenstange oder Rundholz, Nylonschnur, Ventilator

Die Gardine auf den Stab fädeln. Am Stab Nylonschnur befestigen und die Gardine in einer Schummerecke aufhängen. Hinter der Gardine einen Ventilator unauffällig und vor allem unsichtbar platzieren. Durch die Löcher gucken, hu!

Gänsehautvorhänge

Für das ultimative Griselgraselgruselgefühl

Material: schwarze knisternde Müllsäcke, Schere, Rundholz, Nylonschnur

Am geschlossenen Ende des Müllsacks zwei Löcher bohren und das Rundholz durchfädeln. Dann den Sack mit der Schere in feine Streifen schneiden. Mit der Nylonschnur aufhängen. Wenn man da im Dunkeln durchgeht, fühlt sich das sehr seltsam an.

Monsterbowle
Material: großes Gefäß, Fruchtgummiwürmer, Leuchtstift

Der Gang durchs Kabinett

In unser Gruselkabinett gelangen die Kinder durch einen Spieltunnel. Ein Leuchtpfeil zeigt die Gehrichtung nach links an. Unter Gruselgeräuschen tappen sie zuerst vorsichtig im Dunkeln zwischen aufgehängten Bettlaken und „Spinnweben" hindurch, bis in die linke Ecke. Am besten eignet sich eine Gewölbenische, aber eine Ecke geht auch. Dort locken die Mutige-Monster-Gucklöcher in einer schwarzen Wand.

Weitergehen bis zur ekligen Grabbelkiste, die am besten in der Mitte zwischen den Ecken platziert wird.

In der nächsten Ecke weht eine seltsame Gardine. Zurück geht es durch die Gänsehautvorhänge und Richtung Ausgang.

Vor dem Ausgang wartet ein Helfermonster mit einem großen Gefäß. Da steht mit Leuchtschrift „Monsterbowle" drauf. Bevor die mutigen Monster das Kabinett durch den anderen Tunnel wieder verlassen, dürfen sie in das Glas hineingreifen und fühlen und einen Wurm herausfischen.

Monsterturm

Leere Klopapierrollen lassen sich ganz leicht zu Monstern umfunktionieren und einer sinnvollen Verwendung zuführen.

Alter: ab 4 Jahren
Material: leere Klopapierrollen, schwarzer Filz, Klebstoff, Schere, kleiner Ball

Jede Klopapierrolle bekommt zwei Augen und einen Mund aus schwarzem Filz. Am besten kleine Ovale ausschneiden und auf die Rolle kleben. Wenn der Klebstoff trocken ist, werden die Rollen gestapelt wie beim Dosenwerfen. Wer schafft es, die meisten Monster mit einem Ball umzuwerfen?

Variante: Dosen als Monster verkleiden.

Das hungrige Monster

Das verfressenste aller verfressenen Geschöpfe sperrt sein riesiges Maul ganz weit auf und schreit nach Futter.

Alter: ab 4 Jahren
Material: 5 bunte Socken (das ist eine sinnvolle Verwendung für die angesammelten Einzelsocken, die übrig geblieben sind, nachdem das Waschmaschinenmonster die anderen gefressen hat), getrocknete Bohnen, Schnur oder Gummiband, Malpapier, Filzstifte, dicke Filzstifte, Cutter, 1 großes Stück Pappe

Vorbereitung: Die Socken mit Bohnen füllen und zubinden.
Auf dem Malpapier ein Monster vorzeichnen, damit ungefähr klar ist, wie es aussehen soll.
Dann das Monster auf Pappe malen. Es muss ein riesiges Maul haben! Ansonsten bleibt es ganz der Monsterfantasie überlassen, wie es aussieht.
Das Maul muss herausgeschnitten werden. Das erledigt die Spielleitung mit dem Cutter.

Jedes Kind darf versuchen, das Monster aus festgelegter Entfernung mit den fünf Leckerlis zu füttern, das heißt, die Bohnensocken ins Maul hineinzuwerfen. Und dann den Abstand vergrößern. Da lässt sich auch ein Wettbewerb draus machen, bei dem Punkte vergeben werden. Aber auch so macht es den Kindern enorm viel Freude.

Variante: Ein Monster basteln, dessen Maulöffnung am unteren Pappenende ist, also am Boden, und dann Tennisbälle aus festgelegtem Abstand in das Maul rollen lassen wie beim Kegeln.

Monster Café Spezial

In diesem sehr speziellen Café ist es stockdunkel.
Wenn wir Menschen nicht sehen, versuchen wir automatisch, den fehlenden Seh-Sinn zu ersetzen durch Verstärkung der anderen Sinne, vor allem des Tast- und Gehörsinns.

Alter: ab 5 Jahren
Material: Tisch, Stühle, Plastikbecher, Pappteller, Getränke, Kuchen oder Kekse oder ein belegtes Brot in Stücke geschnitten, Augenbinden

Vorbereitung: Alles herrichten, Tisch decken usw.

Die Spielleitung verbindet den Kindern die Augen und passt auf, dass niemand hinfällt. Die Kinder suchen nacheinander mit verbundenen Augen einen Platz und setzen sich.
Habt ihr euch schon mal auf einen Stuhl gesetzt, den ihr nicht sehen könnt? Na, dann versucht es mal. Das ist nämlich gar nicht so leicht.
Nun essen die Kinder Kuchen und schlürfen ein Getränk usw.

Huuu, ich bin ein Monster

Das ist eine schöne Sache für ein Erinnerungsfoto. Erst basteln die Kinder zusammen ein großes Pappmonster, und dann ...

Alter: ab 3 Jahren
Material: Pappe, Schere, dicke Filzstifte, Cutter, Fotoapparat

Die Kinder malen ein lustiges großes Monster auf Pappe. Den Umriss des Monstergesichtes zeichnet die Spielleitung ein, und zwar etwa in der Größe der Kindergesichter. Dann das „Gesicht" herausschneiden.
Nun kann sich jedes Kind als Monster fotografieren lassen. Oder die Kinder fotografieren sich gegenseitig.

Riesenspaß mit Monster-Partyspielen

Das Verfressene-Monster-Ratespiel

Die kleinen Monster sind heute mal wieder total verfressen. Am liebsten würden sie alle Süßigkeiten auf einmal auffuttern. Aber bevor sie das dürfen, müssen sie raten, wie viele Süßigkeiten im Glaskrug sind.

Alter: für alle
Material: 1 undurchsichtiger Glaskrug und viele verschiedene einzelne Süßigkeiten

Eine kleine Anzahl Süßigkeiten abzählen und in den Krug hineingeben. Nun darf jedes Kind raten, wie viele im Krug sind. Wer am nächsten an der Anzahl dran ist oder sogar die genaue Zahl errät, bekommt die Leckereien. Dann beginnt eine neue Runde.

Monsterwürfel

Das Spiel ist so einfach und immer ein Hit bei allen Festen und anderen Aktivitäten, bei denen Monster im Mittelpunkt stehen.

Alter: ab 4 Jahren
Material: 1 stabiler Pappwürfel (Verpackung), Packpapier, Klebeband, dicke Filzstifte

Vorbereitung: Den Pappwürfel in Packpapier verpacken und das Papier gut festkleben. Dann Anweisungen auf die einzelnen Flächen schreiben, z.B:

Spinnengang	Schlangenschlängel
Monstersprung	Trampeltanz
Krötenhops	Monstergrimasse

Die Anweisungen lassen sich natürlich beliebig verändern, je nachdem, was einem Lustiges einfällt.
Zum Schluss dürfen die Kinder den Würfel noch monstermäßig verzieren. Aber nicht die Schrift übermalen!

Nun wirft ein Kind den Würfel, und alle müssen dann tun, was auf der Oberseite angewiesen wird.

Die Jagd nach dem wilden Popcorn

Es soll doch tatsächlich Monster geben, die total scharf sind auf wildes Popcorn. Ein witziger Partyspaß für die Kinder, aber auch für Zuschauer herrlich anzusehen.

Alter: Lesealter
Material: Popcorn, Pappbecher

Vorbereitung: Vor dem Spiel Häufchen von Popcorn drinnen oder draußen verstecken.

Die Kinder in zwei Gruppen aufteilen. Jedes Team wählt einen Monsterpapa.
Die anderen spielen seine Kinder. Jedes Monsterkind bekommt einen Becher, und alle machen sich auf die Jagd nach dem wilden Popcorn, das sich versteckt hat. Wenn die Monsterkinder Popcorn gefunden haben, beginnt der lustige Teil. Sie müssen die Hände hinter dem Rücken verschränken und dürfen das Popcorn nicht anfassen, das sie gefunden haben. Nun rufen sie ganz laut: „Poppoppoppoppoppcooorn", um den Monsterpapa auf sich aufmerksam zu machen.
Der Teamkollege, der den Monsterpapa spielt, muss dann zu seinem Monsterkind rennen, das wilde Popcorn „fangen" und in den Becher legen.

Tipp: Man kann entweder das Spiel zeitlich begrenzen oder so lange spielen, bis alles Popcorn gefunden wurde. Auch ein Wettbewerb ist möglich. Welches Monsterkind hat das meiste Popcorn ergattert bzw. welches der beiden Teams?

Rasende Monsteraugen

Dieses Spiel ähnelt ein wenig dem österlichen Eierlauf. Allerdings sind die selbst gebastelten „Augen" der Monster nicht oval, sondern kugelrund.

Alter: ab 5 Jahren
Material: 4 Tischtennisbälle (2 in Reserve), schwarzer Permanent-Filzstift, Löffel

Vorbereitung: Die Tischtennisbälle mit Filzstift in Monsteraugen verwandeln.

Die Kinder in zwei gleich große Gruppen aufteilen.
Eine Start- und eine Ziellinie festlegen und markieren.
Die beiden Teams stellen sich jeweils in der Reihe hintereinander auf.

Zwischen den Teams sollte genug Sicherheitsabstand bleiben, damit es kein Gerempel gibt.

Die ersten Kinder jeder Reihe bekommen einen Löffel mit einem Monsterauge in die Hand.

Auf ein Startsignal hin rennen die Spieler zur Ziellinie, drehen dort um und rennen zurück. Am Start angekommen, wird der Löffel an den nächsten Spieler übergeben, der dann wiederum losrennt ...

Das Monsterauge darf unterwegs nicht runterfallen. Wenn das passiert, muss es wieder aufgehoben werden. Der Spieler flitzt dann zurück zum Startpunkt und beginnt erneut.

So ein süßes Monster

Zum Abschluss ein wildes Spiel für mindestens sechs Kinder. Damit behalten sie das Monster ganz sicher in süßer Erinnerung.

Alter: für alle
Material: ausrangiertes Oberhemd, T-Shirt oder Schlafanzug, viele Bonbons, Nähzeug, Schalen oder Tüten

Vorbereitung: Ein Erwachsener näht ganz viele Bonbons an das Oberteil.

Beim Spiel zieht die Spielleitung dieses Bonbonkleid an. Jetzt ist sie ein süßes Monster, das von den anderen erledigt werden muss. Die Kinder versuchen nun, so viele Süßigkeiten wie möglich vom Monster abzurupfen. Wenn es gar keine Bonbons mehr an der Kleidung hängen hat, ist es endgültig besiegt.

Tipp: Wenn die Kinder Tütchen haben, können sie ihre Süßigkeiten aufbewahren und müssen sie nicht sofort aufessen.

REGISTER